선장의 항해일지

선장의 항해일지

이동현 지음

인생의 항로를 설계하는 법

일요일오후

프롤로그_
더 넓은 바다를 꿈꾸는 당신에게

 길이 300미터, 무게 15만 톤의 강철 덩어리가 푸르른 대서양을 가로지른다. 3천억 원에 달하는 초대형 LNG 운반선은 세계 곳곳의 항구를 오가며 인류의 에너지를 실어 나르는 중이다. 세계 최고 수준의 영국 선사 소속인 이 배에는 영국, 아일랜드, 이탈리아, 스페인, 크로아티아, 필리핀, 중국, 러시아 등 10여 국적의 선원 수십 명이 승선하고 있다.

 이 선박을 진두지휘하는 이가 바로 30대의 한국인 선장, 나 이동현이다. 세전연봉 3억 원, 1년에 6개월의 유급 휴가, 그리고 배 위에서 가장 큰 책임과 가장 큰 권한을 지닌 의사결정권자. 뱃일을 시작하고 15년 만에 이룬 성취였다. 물론 거저 얻은 성취는 아니었다. 해외 선사로의 입사부터 이 자리에 오르기까지의 과정은, 어느 한순간도 녹록지 않았다.

신기루가 아니라 실재하는 길, 개인송출

　내가 처음 배를 탈 때만 해도 개인이 해외 선사에 입사하는 '개인송출'은 유니콘 같은 개념에 가까웠다. 분명 존재하는 말이고 해낸 사람도 있다고는 하는데, 막상 그것을 실제로 해낸 사람을 찾기는 어려웠다. 나 역시 학생 때 중동 선사의 어떤 일등항해사 선배님이 후배들을 위해 써주신 '경전'이 없었더라면, 끝까지 개인송출을 도전하지 못했거나, 막상 기회가 왔을 때도 잡지 못했을지 모른다.

　모두가 바라고 꿈꾸지만, 가본 사람은 거의 없는 길이라고 해도 과언이 아니었다. 전인미답前人未踏까지는 아니었지만, 당시만 해도 분명 신기루에 가까운 길이었다. 그래서 내가 해외 선사로 송출해 갖은 고초를 겪으며 일등항해사가 되고 나자, 차츰 생각이 들었다. 분명 이 길을 궁금해하고 시도해보고 싶은 사람이 꽤 많을 거라고. 왜냐하면, 과거의 내가 그 누구보다도 간절했었으니까.

　내 유튜브, 비타민씨VitaminSea의 시작이었다. 나는 업계의 동료, 그리고 후배들에게 해외 선사의 장점을 알리고, 세계 무대로 진출하는 방법을 공유하고 싶었다. 내가 걸어온 구불구불하고 거칠고 때로는 돌아가기도 하는 길 대신, 그중에서 그나마 가장 곧고 평탄한 길을 알려주고 싶었다. 이 길을 선택한 이 중에 나만큼 고생하는 이가 없기를 바랐다.

다행히 내 생각은 틀리지 않았던 것 같다. 일등항해사 시절부터 유튜브로 해외 상선 생활을 알리자, 정말 많은 이들에게서 어떻게 송출하게 되었는지, 그 방법은 무엇인지 질문해왔다.

책의 구성, 그리고 바람

300명이 넘는 사람에게 연락을 받았고, 영상에는 차마 다 담을 수 없었던 질문과 대답들이 오갔다. 이후 개인송출에 성공한 분이 내가 알기로만 50여 명에 이른다. 그래서 이참에 뱃사람으로의 삶과 그간 해온 노력의 방법론들을 글로 정리해보기로 했다. 이 책의 각 장은 이런 의도로 구성되었다.

1장은 내가 어떤 계기와 마음가짐으로 바닷사람이 되기로 결심했는지부터, 선원이 되기 위해 준비하던 대학생 시절의 이야기이다. 2장은 한국 선사에 처음 입사하여 삼등항해사를 거쳐 이등항해사, 나아가 일등항해사로 승진하는 과정을 담았다. 3장은 개인송출에 성공하지만, 이등항해사로 직급을 낮춰 입사하게 된 경위와 이후의 고난, 그리고 일등항해사로 재진급하기까지의 사연이다.

이후 4장은 해외 선사에서 상급 사관, 일등항해사가 되어 만나게 된 인연들과 사건 사고들, 그리고 선장으로 빠르게 진급할 수 있었던 연유가 쓰였다. 5장은 드디어 선장이 되어 바라보는 바다의 풍경과, 그 이전에는 온전히 알기 어렵던 선장의 고민과 마음가짐에 관해 정리했다. 마지막 부록으로, 바다를 꿈꾸는 이들에게 실질적으로 도움이 될 만한 이야기를 부족하지 않게 담으려 했다.

어찌 보면 그리 대단한 것 없는 뱃사람의 이야기에 불과할지도 모르지만, 이 이야기들은 영상에서도 풀기 어려웠던 내 진짜 바다 이야기를 풀어낸 기록이다. 이 길을 꿈꾸는 누군가에게는 분명 도움이 될 것이라는 믿음으로 과거의 기억을 다시 헤집고 정리했다. 이 이야기가 누군가에게는 인생의 매 순간에 최선을 다한 인간승리의 기록으로, 또 누군가에게는 정말 필요한 정보를 전달해주는 매뉴얼로 다가가길 바란다.

차례

프롤로그_ 더 넓은 바다를 꿈꾸는 당신에게 · 004

I 내가 선원이 되고 싶었던 까닭은

배를 타서 돈을 벌고 싶습니다 · 012 | 출가를 고민하던 시절 · 017 | '괜찮다'라는 말의 속뜻은 · 025 | 학생에서 선원으로, 진짜 바다를 준비하며 · 032

II 진짜 바다로, 신참 항해사의 기쁨과 슬픔

난생처음 겪은 황천항해 · 040 | 바다 위의 작은 방, 선실 생활 적응기 · 048 | 거칠고 모난 시기를 다듬어준 인연 · 053 | 자리가 사람을 만든다? 일등항해사가 되다 · 061

III 더 넓고 깊은 바다를 향해, 개인송출

거위의 꿈, 아니 개인송출의 꿈 · 068 | 영국 선사의 첫 한국인 선원 · 077 | 누구에게나 처음은 있다 · 087 | 자네, 영어 공부 좀 해야겠군 · 098 | 두고 봐라, 내가 해내고 만다 · 106 | 나도 그렇게 컸어 · 118 | 위기가 곧 기회라는 말 · 128

IV 해외 선사의 일등항해사가 되다

지중해에서 만난 돌고래 떼·140 | 진짜 선장 대행을 하게 될 줄이야·148 | 상사이자 친구, 캡틴 메튜·154 | 바다 위에서 벌어진 화재 사건·161 | 선장님, 그건 잘못 생각하신 것 같은데요·169 | 마지막 진급 추천서·179 | 영국에서의 지상 근무·189

V 선장이 바라보는 바다의 풍경

선장으로 타는 첫 배·200 | 36개국 선원과 함께 일한다는 것·215 | 태풍을 헤쳐 나가는 방법·225 | 선장의 리더십·244 | 선박은 24시간 긴장 상태·258 | 불가근불가원·267

부록 바다를 꿈꾸는 이들을 위한 도움말

선원이 되는 방법들·274 | 선원의 현재와 미래·278 | 국내 선원 시장의 노동 강도와 임금·285 | 해외 선사는 정말로 천국일까, 기대와 현실·292

에필로그_ 사실, 생각보다 쉬운 길은 아니지만·299

새로운 바다를 발견하려면 익숙한 해안에서 벗어나야 한다.
You cannot discover new oceans unless you have the courage to lose sight of the shore.

앙드레 지드
André Gide

I

내가
선원이 되고 싶었던
까닭은

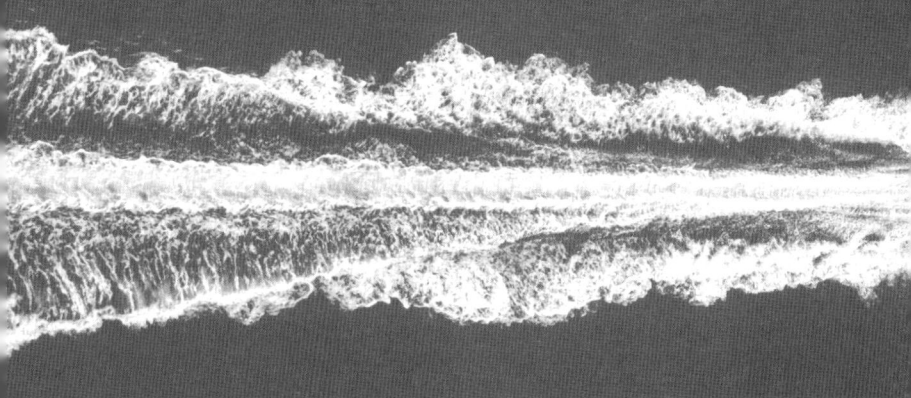

배를 타서
돈을 벌고 싶습니다

"왜 목포해양대학교에 지원하셨죠?"

눈보라와 추위를 뚫고 들어간 면접장에서 처음 들은 질문이었다. 너무도 평범한 첫 질문에, 나는 상념에 빠졌다. 인생이 영화라면 내 이야기는 지금 어느 흐름쯤에 있는 걸까. 내가 이곳에 왜, 어떻게 자리하게 되었는지 찬찬히 되짚기 시작했다. 클리셰 범벅의, 실패기에 가까운 내 지난 시간을.

늦깎이 공부의 시작

아주 어릴 적엔 태권도 선수가 되고 싶었다. 꽤 괜찮은 운동신경이 있었고, 때마침 부모님도 진로로 운동을 권해주셨다. 하지만 나쯤 되는 재능은 선수부라면 누구에게나 있었다. 거기서의 승부는 정말로 압도적인 재능, 그것도 아니라면 의지와 끈기로 판가름 났다. 내게는 그만큼의 재능이나 의지와 끈기가 없었고, 그래서 도망치기로 했다.

운동을 그만두고는 당연히 공부를 해야 했지만, 공부는 정말 재미가 없었다. 밖에서 뛰어놀고 축구할 때가 좋았다.

그러던 어느 날, 군인이 되고 싶다는 꿈이 생겼다. 제복을 입는, 나라를 지키는, 강하고 멋진 군인. 부모님도 좋은 선택이라며 사관학교를 권해주셨다. 사관학교는 돈이 들지 않을뿐더러, 생활비까지 지원을 받을 수 있어 우리 집 형편에도 딱 맞았다. 몸도 마음도 늦깎이 공부의 시작이었다. 뒤늦은 만큼 더 열심히 해야 했다. 택배 일로 새벽 상하차를 하러 나가는 아버지에게 부탁했다.

"아버지, 나 아버지 일어날 때 깨워주세요."

아버지는 새벽 4시 반에 나를 깨워 어느 날에는 사과를, 어느 날에는 미숫가루를 타 주셨다. 그렇게 2년 동안 평일 중 하루도 거르지 않고 4시 반에 일어나 새벽 5시 반에 아버지의 택배 트럭을 타고 학교로 향했다.

학교에 도착하면 아직 채 가시지 않은 어둠과 쌀쌀한 밤공기가 나를 맞이했다. 매일 학교에 가장 먼저 등교한 나는 복도의 불을 하나하나 켜면서 올라갔다. 점심시간도 아까워 어머니에게 도시락을 싸 달라고 부탁했고, 급식 대신 교실에서

도시락을 먹으며 영어 단어를 외웠다. 운동선수의 길을 접고 시작한 늦깎이 공부로 10대의 후반부를 불태우고 있었다.

나는 무작정 목표만 보고 달리는 경주마가 됐지만, 그 결과는 만족스럽지 않았다. 현실의 벽은 단기간의 의지와 열정, 끈기로 넘을 수 없었다. 첫 수능의 성적으로 사관학교 진학은 어려웠고, 나는 재수를 선택했다. 내 인생이 영화라면 지금은 더 큰 행복을 위한 난관의 봉착, 클라이맥스를 향한 고난의 중반부가 아닐까. 당시엔 그렇게 믿고 싶었다.

이런 결말의 영화는 없을 텐데

마침, 사관학교 전문 기숙학원이 따로 있었다. 이곳에서 딱 1년, 1년만 더 하면 될 것 같았다. 다만 문제가 하나 있었다. 우리 집 형편에 한 달 250만 원이나 하는 기숙학원의 비용은 만만하지 않았다.

하지만 다시금 세운 목표를 이렇게 놓칠 수는 없었다. 나는 부모님을 설득했고, 부모님이 허리띠를 졸라매기로 하셨다. 학원에서 삼시 세끼를 해결하며 하루 종일 공부에 매진했다. 사당오락四當五落, 4시간 자면 붙고 5시간 자면 떨어진다던 속설처럼 하루에 4시간만 자며 공부했다. 지금이야 사당오락이 틀린 말이라고들 하지만, 그때의 나는 그런 말도 허투루 넘길 수 없을 만큼 간절했다. 이 모든 과정이 합격을 위한 관문이리라 믿었다.

　기숙학원 생활은 빡빡했다. 아침과 저녁 점호가 있고, 아침 구보도 뛰었다. 아침 8시부터 저녁 9시까지, 때로는 자정까지 강의와 자습 시간이 배정되어 있었다. 8개월의 통제된 생활과 강도 높은 공부로 내 성적은 꾸준히 상승했다. 2008년 7월, 해군사관학교를 지원했다. 하지만 무슨 드라마처럼 나는 1차 시험 합격점에 4점 차이로 떨어졌다. 삼수를 선택할 수도 있었지만, 집안 형편상 더 이상 학원에 다닐 여력이 없었다.

　그해 수능이 끝나기 전 어느 날, 학원 원장실로 찾아가 원장 선생님 앞에서 무릎을 꿇고 빌었다. 한 번만 더 기회를 달라고. 비용은 장교가 되어 꼭 갚겠다고 말했다. 원장 선생님은 나를 일으켜 세우며 흔쾌히 제안을 받아주셨다. "갚지 않아도 된다"라며. 어떤 의미로건 간절함으로 잡은 마지막 기회였다. 그렇게 내 삼수 생활이 시작되었다. 합격을 위한 관문, 그 터널이 아직 이어지고 있다고 믿었다.

　삼수는 재수보다도 치열했다. 부모님 등골을 빨아먹는다는 죄책감까지 공부의 땔감으로 썼다. 못하면 죽겠다는 각오였다. 노력이 드디어 꽃을 피운 것일까, 궤도에 오른 성적을 보고 선생님들도 사관학교 1차 합격은 걱정하지 말라고 했다. 하지만 운명의 장난처럼 나는 1차 시험에서 30점 차이로 떨어졌다. 이후 마음을 다잡지 못하고 수능도 망쳤다. 이런 영화 각본은 어느 작가도 쓰지 않을 텐데.

"목포해양대학교에 진학하는 건 어떻겠니?"

학원의 사감 선생님이 해주신 말씀이었다. 사감 선생님도 그곳을 졸업하셨고, 해양대는 사관학교와 마찬가지로 돈이 들지 않으며, 제복을 입고, 원하면 ROTC도 갈 수 있다고 하셨다. 그렇게도 군인이 될 수 있고, 또 상선을 타서 돈을 벌 수도 있다고 하셨다. 그때 귀에 들어온 말은 '돈'이었다. 군인의 꿈은 이미 사관학교 진학 실패와 함께 정리되었다. 대신 돈, 돈이 필요했다. 돈을 벌어야 했다. 내 욕심은 이미 감당하기 어려운 짐이 되어 온 집안을 짓누르고 있었다.

"배를 타서 돈을 벌고 싶습니다."

면접관의 질문에 답했다. 인생이 영화라면 누구도 이런 영화를 보려 하지는 않을 텐데. 클리셰로 점철된 고통 끝에 왜 해피엔딩이 기다리지 않는지 원망스러웠다. 하지만 좋든 싫든, 인생은 끝날 때까지 끝나지 않는다. 고작 내 나이 스물둘 때의 이야기였으니 영화의 결말을 논하기에 터무니없이 어렸다. 2010년 2월. 겨울바람이 얼굴을 할퀴던 날에, 나는 목포해양대학교에 입학했다.

출가를
고민하던 시절

그해 겨울은 유난히 눈이 많이 왔다. 절로 향하는 길에도 눈이 수북하게 쌓여, 나는 매일 새벽 그 눈길을 쓸어야 했다. 아직 스님이 되지 못한 나는 자주색 행자복을 입고 있었는데, 눈길을 쓸다가 손이 얼어 잠시 절 안으로 들어가 손을 녹였다.

"어우, 추워. 손 다 얼겠네."

털모자를 벗으니 절에서 '무명초'라 부르는 머리숱이 드러났다. 새벽 6시, 108배로 절에서의 하루가 시작되었다. 고작 스물둘, 나는 해양대학교 1학년 2학기를 마친 학생이었지만, 그해 겨울만큼은 학교와 집이라는 파도가 버거워 세상을 등지려던 어린 행자였다.

미친 건 우리가 아니었는데

"야! 일 학년, 미쳤냐?!"

기숙사 창밖으로는 동기들을 향해 지르는 선배들의 고함이 들려왔다. 미친 건 우리가 아니었지만, 우리는 '미친놈' 취급을 받았다. 선배들은 학교 규정에도 없는 규칙을 들이밀며 속된 말로 우리를 '털어댔다.' 우리가 딱히 잘못한 게 없어도 선배들은 우리를 '털지' 못해 안달이 났다.

물론 이는 입학 전부터 심심하지 않게 들은 이야기였다. 해양대는 군대랑 비슷하다고, 훈련도 받고 기합도 받는다며. 그래서 나름의 각오를 다지고 입학했지만, 현실은 언제나 예상을 뛰어넘었다.

해양대 생활은 사관학교 생활과 비슷하다. 선배를 보면 거수경례를 하고, 걸을 때면 제식을 맞춰야 한다. 기숙사에서는 생활복, 강의동에서는 통상복, 교외나 행사 때는 정복을 입어야 한다. 꼭 검은색 양말로 발목을 가려야 하고, 속옷까지 색깔과 모양에 규정이 있다.

식사 전에는 복장 점검을 받고, 식사 중 대화는 금지다. 식당에 있는 TV는 저학년이 눈 돌리면 안 된다는 금기도 있었다. 저녁식사를 마치면, 7시부터 9시까지는 강제로 하는 자율학습 시간이었다. 각자 기숙사에 앉아 공부하고, 휴대폰이나 게임을 하다 걸리면 기합이었다. 밤 10시에 취침 점호를 하고 소등, 이후엔 반드시 침대에 누워야 했다. 몰래 딴짓하다 걸리면 또 벌점이나 기합이었다.

지금 생각해보면 이런 규율들이 상선 사관 양성과 무슨 상관인지 싶지만, 그때는 그게 당연한 줄로 알았다. 그런데 규율마저 무색하게, 어느 새벽에는 술에 취한 선배들이 기숙사에 등장했다. 그런 날이면 술 취한 선배들은 소리를 지르며 후배들을 이유 없이 때렸다. 그중에서도 나는 집중 타깃이었다. 삼수로 2학년보다 나이가 많고, 3학년과 나이가 같았으니까. 어떤 잘못을 해서가 아니라, 그저 나이가 같아 아니꼽다는 이유만으로도 미움을 받기에 충분했다.

"야, 이딴 학교를 삼수하고 들어와?"

"표정관리 똑바로 안 해? 나이 많은 거 티 내냐?"

견장에 줄 하나 더 많다는 이유 하나로, 나는 모든 면에서 그들보다 열등한 인간이 됐다. 그들의 말이 맞든 틀리든 나는 항상 시선을 상방 15도로 유지하며 "시정하겠습니다"만 앵무새처럼 반복했다. 80년대식 똥군기가 전통이라는 미명으로 존속하고 있었다. 수직적인 선상 생활에 적응해야 한다는 명분으로 포장되어서. 이처럼 숨 막히는 기숙사 생활은 끝나지 않을 터널 같았다.

적막이 맴돌던 집안

기말고사를 앞두고, 주말을 이용해 인천의 본가에 다녀왔다. 목포에서 광주를 거쳐 인천까지 버스를 타고 6시간, 몸은 축 늘어져 있었다.

"저 왔어요."

우리 집은 지은 지 60년이 넘은 빌라였다. 여기저기 벽면이 갈라지고, 복도에는 등 하나 제대로 들어오지 않는 어둑한 건물. 인천의 낡은 동네 한복판, 거기에 우리 집이 있었다. 집 안에서는 술 냄새가 코를 찔러왔다. 거실에는 술에 취해 누워 있는 아버지가 계셨다. 항상 성실했던 아버지는 나의 우상이었다. 하지만 한쪽 팔을 크게 다친 이후로 아버지는 항상 아파하셨다. 온몸에는 파스를 붙인 채로, 진통제 대신 술병을 드셨다.

"아버지, 또 술이에요? 제발 그만 좀 드세요."

아버지가 왜 그렇게 됐는지 알면서도 나는 아버지가 미웠다. 한때 당당하고 매서웠던 아버지의 눈매는 이제 풀린 채 맥없이 감겨 있었다. 어머니는 보험 일과 식당 일로 바쁘신지라 아들이 온다는 걸 알면서도 집에 계실 상황이 아니셨다. 60년 된 빌라의 방 안은 적막하니 술 냄새만 가득했다.

내가 왜 재수, 삼수를 했을까. 똥군기로 가득 찬 해양대학교 따위에 간다고 그리 고집을 부렸을까. 그러고서 기껏 해양대에 와서는 다시 자퇴를 고민하고 있으니 스스로 한심하기 그지없었다. 고등학교 졸업하고 바로 돈이나 벌 걸. 혼자 한껏 욕심을 부려놓고서는 어떤 것도 제대로 해내지 못한 채, 집안을 풍비박산 내놓았다.

어머니는 낮엔 식당, 밤엔 포장마차에서 일하며 손목과 어깨 건강을 자식들의 학비와 바꾸셨다. 나는 그런 가족에게 도움이 되고자 해양대에 왔건만, 생활이 힘들다는 이유로 대학 생활을 어찌해야 할지 고민하고 있었다. 그 무게감이 나를 짓눌렀다. 그래서 정말로 원망스러운 건 다른 누구도 아니고, 바로 나 자신이었다. 학교생활만으로도 허우적거리던 내게, 집안의 적막이라는 파도까지 넘을 힘은 없는 것 같았다.

3,000배로 시험해본 출가의 마음

"나는 이 정도밖에 안 되는 사람인가…."

그 당시 자주 다니던 절이 있었다. 보통 절 이름이 사寺로 끝나는 데 반해, 그 절 이름은 꽤 특이했다. '행복한 절'. '인연 닿는 사람 모두가 행복하길 바란다'라는 주지 스님의 말씀이 나를 끌어당겼다. 그때의 나는 행복하지 않았다. 가톨릭 집안에서 자랐지만, 지금 내 마음 상태를 모두 알고 있다는 듯 위로를 주는 절에서의 차담과 스님과의 대화에 점점 매료되었다. 그러던 어느 날, 나는 스님께 이런 연락을 드렸다.

"스님… 너무 괴롭습니다. 저도, 제 가족도 행복하지 않은 것 같아요. 이 모든 게 다 제 탓 같습니다."

스님은 방학 동안 절에 들어와 지내보라 권하셨고, 나는 부모님께 템플스테이에 간다고 둘러대며 절에 들어갔다. 아무것도 모른 채 시작된 절 생활. 뭔가를 깨닫고 나아가야겠다고 마음을 다잡고 들어간 곳이었지만, 절 생활은 생각보다 고됐다. 새벽 5시 기상, 108배, 하루 종일 이어지는 울력, 짚 태우기, 외양간 수리, 길 청소, 고구마 수확….

사흘째 되던 날, 나는 야반도주를 고민했다. 또 고민하면서도 고통스러웠다. 재수와 삼수 끝에 입학한 해양대에서 도망쳐온 곳이 절이었는데, 이곳에서마저 도망을 떠올리는 나 자신이 너무나도 한심했다. 나는 겨우 이 정도였다. 잠을 이루지 못한 채 뜬눈으로 밤을 새우고, 나는 새벽종이 울리자마자 도망치는 대신, 스님을 찾아갔다.

"스님… 저 3,000배를 해보고 싶습니다."

스님은 출가를 고민하는 이들에게 3,000배를 숙제로 주셨다. '이것도 못 하면 다시 돌아가시게'라는 뜻이라고. 나도 3,000배가 해보고 싶었다. 아니, 이마저 못하면 진짜 끝이라는 심정이었다.

부처님의 이름 3,000가지가 적힌 종이를 건네받았다. 이름 하나 부르고, 절 한 번 하기. 절간 2층, 조용한 공간에 두

툼한 방석을 깔고 바로 절을 시작했다. 20번, 50번, 100번… 다리가 저렸다. 1,000배쯤 되자 감각이 무뎌졌다. 절을 한다기보다 절이 되는 느낌에 가까웠다. 3,000배의 이유도 모두 잊었다. 저녁 공양을 알리는 목탁 소리가 들릴 만큼의 시간이 흘렀다. 그렇게 3,000배를 마친 뒤 스님을 찾아가자, 스님이 물어보셨다.

"무엇을 느꼈는가?"

시험해보고 싶었다. 내게 세상의 풍파를 견딜 만한 인내심과 참을성이 있는지. 그래야 흔들리는 바다에서도 중심 잡을 수 있을 것 같았다. 이야기를 들은 스님은 인자한 미소를 지으며 내게 단기출가를 권해주셨다. 행자 생활을 하며 3,000배 할 때의 마음을 잊지 말라고. 그리하여 그다음 날, 성당에서 프란치스코라 불리던 청년은 머리를 깎고 무명초를 내려놓으며 부처님 앞에 무릎 꿇었다. 나는 무후無後라는 법명을 받았다. 뒤를 돌아보지 말고, 앞으로 나아가라는 뜻이다.

1학년 2학기를 마친 겨울방학, 나는 두 달가량 절에 머물며 마음을 닦았다. 차담과 명상을 통해 스스로를 돌아보고 다잡으며 조금은 성숙해졌다. 어떤 대단한 변화가 있었던 것은 아니다. 그저 주변의 환경이나 여건을 탓하기보다, 내가 결정하고 목표로 한 것들을 하나둘 해내는 데 집중하려 애썼을 따름이다. 3,000이라는 숫자를 떠올리며 절한 게 아니라, 절 하나하나가 모여 3,000배가 된 것처럼.

그러자 마음 한 가운데 차돌처럼 단단한 중심이 잡혔다. 어찌 보자면 그리 대단치 않은, 자그마한 깨달음일지도 몰랐다. 하지만 이때의 깨달음은 이후로 갖은 풍파가 닥칠 때도, 외로운 항해 생활 속에서도 내 마음의 버팀목이 되어주었다. 누군가에게는 당연한 마음가짐일지 모르지만, 내게는 삶에서 가장 의미 있는 깨달음 중 하나였다.

'괜찮다'라는 말의
속뜻은

"우일상운에서 실습생 추천이 들어왔는데, 생각 있니?"

2012년의 벚꽃이 하나둘씩 떨어질 즈음, 나는 어깨에 세 줄 견장을 달고 있었다. 항해과 3학년, 곧 바다로 실습을 나가야 하는 때였다. 지도관님의 제안은 엄청났다. 우일상운은 탱커선을 소유한 미국 선사, 애드맨터스Admantos에 인력을 공급했다. 아주 큰 회사는 아니지만, 선주가 외국계라는 점과 높은 월급으로 인기가 좋았다.

그곳에서 삼항기사는 그 당시 월급으로 500~600만 원, 실항기사는 60만 원을 받을 수 있었다. 당시 국내 대기업의 삼항기사 월급이 300~400만 원, 실항기사는 10~20만 원 정도였으니, 엄청난 처우였다. 그만큼 문이 좁기로도 유명했다. 목포해양대와 한국해양대에서 각각 실항기사 1명씩, 총 2명만 선발했다. 그런데 때마침 지도관님이 나를 추천해주신 것이다. 내 전반기 실습지는 그렇게 결정되었다.

선원으로 만난 첫 바다

2012년의 어느 무더운 7월의 여름날, 가족의 배웅을 받으며 인천공항에 도착했다.

"잘 다녀와, 아들!"

아들이 군대라도 가는 듯 걱정하는 부모님을 뒤로하고 시장에서 산 중형 캐리어를 달달 끌며 미국행 비행기에 몸을 실었다. 살면서 처음으로 타보는 외항선이었다.

휴스턴에 도착한 나를 에이전트가 곧바로 픽업해 이동했다. 24시간이 넘는 비행과 수속, 두 번의 경유를 거쳐 겨우 도착한 곳은 텍사스주의 코퍼스크리스티Corpus Christi였다. 처음 밟아본 미국을 잠시 둘러볼 시간도 없이, 에이전트는 바로 배로 향한다고 했다. 스물셋의 어린 나이에 첫 실습이라 혈기 왕성하던 때였다. 지구의 반 바퀴를 넘게 움직이는 장거리 이동에도 힘들고 지친다기보다, 신기하고 놀라운 마음이 앞섰다.

내가 탄 배는 183미터의 석유제품운반선이었다. 처음 배에 올라 일항사, 선장님을 비롯한 사관들에게 인사하고 숙소를 배정받았다. 그런데 사실 좀 당황스럽긴 했다. 내 첫 숙소는 병원이었으니까. 교대하는 선원들이 많아 방이 없다고 했다. 그렇게 내 첫 바다 생활의 침대는 병원 간이침대가 되었다. 나는 큰 캐리어를 다 풀지도 않은 채, 머리맡 침대등을 켜고 다이어리부터 적기 시작했다.

2012년 7월 5일. 첫 승선. 포기하지 말자!

한 줄의 짧은 일기는 아직도 내 다이어리에 고스란히 적혀 있다.

다음 날 오후에 출항한다며 삼등항해사님이 내게 선교로 올라오라 했다. 배를 조종하는 선교의 창문이 사방으로 뚫려 바깥의 풍경이 한눈에 들어왔다. 미국 석유 기지 시설 옆으로 끝없이 뻗어있는 초원과 강, 그리고 구름 한 점 없는 하늘, 그 위를 날아다니던 철새들까지. 선교 문을 열고 처음 창 밖으로 본 광경은 아직도 잊히지 않는다.

초단파무선통신장치VHF, Very High Frequency에서는 미국식 영어로 교신하는 타 선박들의 교신 소리가 배경음으로 들리고, 고참 삼등항해사님은 출항 준비로 바빠 해도와 서류를 준비하고 있었다.

"야! 실항사! 내려가서 도선사 줄 물 좀 가져와!"

'물? 무슨 물? 마시는 물 이야기인가?' 여기저기를 돌아다니다가 주방에서 유리컵에 물을 따라 올라갔다.

"야! 생수를 가져와야 할 거 아니야, 무슨 말 하는지 몰라? 모르면 물어봐야 할 거 아니야?"

"죄송합니다!"

구석에 몰래 가 한국에서 가져온 수첩을 주머니에서 꺼내 조심스럽게 한 줄 적었다. '모르면 물어볼 것'

바다에서도 힘든 건, 일이 아니라 사람

외부 실습 때의 나는 파도에 휩쓸리는 뗏목 같았다. 어찌어찌 좋은 기회를 잡아 바다에 나오긴 했지만, 내 열정을 어디로 쏟아내야 할지 몰랐다. 바다 짠내가 아직 몸에 배기도 전의, 치어 같은 시절이었다.

배에서의 매 순간이 시험 같았지만, 이 시험들은 평가만을 위한 시험이 아니었다. 매 시험마다 나는 새로운 배움을 얻었다. 아니, 정확히 이야기 하자면 배움 기회들을 찾으려 애썼다. 하찮다고 생각하는 심부름도 내게는 배움의 기회였고, 나를 괴롭히거나 못되게 구는 고참은 반면교사가 되어 내가 미래에 어떤 선배가 되어야 하는지를 알려줬다.

배에서 정말로 힘든 건 일이 아니라 사람이다. 물론 세상 여느 곳이나 마찬가지라 하지만, 유독 배에서 사람이 지독한 까닭은 아무리 싫어도 배 밖으로 도망칠 수 없기 때문이다. 나도 기어이 그런 시절을 겪어내야 했으니 모를 수가 없다.

내게 물 심부름을 시킨 선배 항해사는 나를 싫어했다. 뭐가 마음에 안 들었는지 항상 퉁퉁대며 내게 잡일을 시키곤 했다. 새벽에 라면을 끓여오라거나 음료수를 가져오라는 건 여사였다. 심심하면 트집을 잡으며 이곳저곳 청소를 시켰다. 지금도 그 선배가 왜 그랬는지 알 수 없다. 하지만 대학도 졸업 못 한 실항사는 부당함을 입 밖으로 내뱉기보다는 속으로 삼키는 쪽이 차라리 낫다고 여겼다.

"괜찮아, 다 괜찮아, 별일 없어. 사람들도 다 좋아."

이 한마디를 전하는 데 드는 비용이 대략 200원쯤이었다. 배 위의 위성 전화는 1분에 1,000원, 10분에 만 원이었다. 너무 비싸 별다른 일이 없으면 한 달에 한 번 정도나 가족에게 전화를 걸었다.

"밥도 잘 나오고, 힘든 것도 별로 없어. 실습생한테 뭘 시키겠어."

1분에 1,000원이든 10,000원이든, 언제 어디서든, 어머니의 걱정은 항상 같았다.

"아들, 밥 잘 먹었어? 힘들지는 않고?"

배 위에서 일하는 아들 걱정으로 마음을 졸이던 어머니에게 내가 할 수 있는 말은 단 한마디, "괜찮다"밖에 없었다. 다른 말을 하려 들 때면 목이 메 소리가 나오지 않았다.

이런 '괜찮은' 마음이 나만의 것은 아니었던 것 같다. 어머니 또한 전화할 때면 항상 모든 게 다 괜찮다고만 하셨다. 그때 알았다. 별일 없이 '괜찮다'라는 말의 속뜻은 '사랑한다, 보고 싶다'라는 것을. 그렇게 내 옷에는 차츰차츰 바다 짠내가 배기 시작했다.

실습생은 영어로 Cadet

다른 산업에서는 실습생을 Apprentice라고들 많이 쓴다. 특히 간호사, 기술자, 정비사 등 기술직들이 그렇다. 하지만 선원은 주로 Cadet이라는 표현을 주로 쓰며, 실습항해사는 Deck Cadet, 실습기관사는 Engine Cadet이라고들 표현한다. 군사학교 학생을 보통 Cadet이라고 부른다.

배마다 국적이 있다?

선박은 저마다 국적이 있다. 따라서 한 배에 승선한다는 것은, 그 선박국의 법적 관할 아래 들어간다는 의미를 지닌다. 선박 내에서 일어나는 일들은 기본적으로 국적국의 법률을 따르며, 그 위에 국제해사법이 적용된다. 선박에는 두 종류의 깃발이 게양된다. 하나는 선미에 다는 국적기로, 선박이 속한 국가를 나타낸다. 다른 하나는 입항 시 선박의 마스트 상단에 다는 예우기로, 입항국의 국기를 게양한다. 이는 선박이 하나의 자율적 법적 공간임을 의미함과 동시에, 타국의 주권을 존중한다는 국제적 관례를 보여준다.

선원의 훈련, '자격증명 및 당직근무의 기준에 관한 국제협약'

세계 각국 선원의 최소 자격 기준을 통일하고 표준화하기 위해 만든 국제 협약. 영어로는 STCW(International Convention on Standards of Training, Certification and Watchkeeping for Seafarers)라 부른다. 이 협약의 주요 조항 중 하나로, 해기사가 되기 위해서는 국적을 불문하고 선박에서 1년간 실습을 거쳐야 한다는 내용이 있다. 그래서 해양대에서도 대학 생활 4년 중 1년은 실습 기간으로 배정하고, 이 실습 이후에 면허가 발급된다.

실습은 보통 6개월씩 전반기와 후반기로 나눠 한 번은 외부 실습으로, 나머지는 교내 실습으로 이뤄진다. 외부 실습은 실제 선박회사에서 운영하는 상선에 직접 승선해서, 교내 실습은 학교 소유의 실습선에서 진행한다.

학생에서 선원으로,
진짜 바다를 준비하며

4학년의 어깨에는 네 줄 견장이 달려 있다. 선박에서 선장 혹은 기관장의 지위를 뜻하니, 학교에서 가장 높은 학년이 되었다는 의미이다. 하지만 겉보기와는 달리 이 시기가 마냥 편하지만은 않다. 곧 졸업과 취업이라는 현실이 코 앞으로 다가와 있기 때문이다.

4학년 1학기에는 후반기 실습이 배정되어 있다. 전반기에 외부 실습을 다녀온 나도 학교 실습선에 승선해 다시 6개월간 실습항해사로 지냈다. 실습선은 교육용으로 만들어진 선박인데, 당시 학교 실습선으로는 '새누리호'와 '새유달호' 두 척이 있었다. 주로 학교 옆 부두에 정박해 선박 내 강의실에서 이론과 실습을 병행하고, 때때로 독도, 울릉도, 제주도, 부산, 인천 등 연안을 항해하며 실무 경험도 쌓는다.

실습의 하이라이트는 원양항해이다. 일본, 중국, 베트남, 싱가포르 등 해외 항구에 기항하며 실제 선박 운항을 경험하고, 몇몇 항구에서는 사나흘 정박하여 관광할 기회도 있다. 나 역시 좋은 경험을 많이 쌓았는데, 그중 특히 기억에 남는 순간은 싱가포르에서 출항해 한국으로 돌아오던 항해 중, 태평양 한가운데서 마주한 밤하늘의 풍경이다.

당직 중이던 밤 8시부터 자정까지, 선교에서 근무하다가 창밖의 별빛에 이끌려 조용히 문을 열고 밖으로 나갔다. 달빛도 없는 밤하늘에 별들이 찬연했다. 그중에서도 유난히 또렷한 북쪽 하늘의 별이 북극성이었다. 북극성은 지구 자전축의 연장선에 자리해 늘 북쪽에서 반짝인다. 무수한 별 무리의 흐름에서도 유유히 제 자리를 지키는 북극성은 내 기억의 중심에서도 여전히 반짝이고 있다. 모래사장의 반짝이는 모래알처럼 빛나는 별들과 은하수를 보며, 나는 떨어지는 별똥별을 하나둘 세어 보았다.

실습선에서의 해프닝

실습선 생활은 철저히 선내 중심이다. 선장의 허락 없이는 육지에 나갈 수 없고, 규정상 6개월 동안 선내에서만 생활해야 한다. 아침 6시, 실습선 앞에 줄지어 집합한 후 구보가 이어진다. 체력단련과 단체생활 적응을 위한 훈련이 반복된다. 한 명이 실수하면 모두가 책임지는 구조인데, 그러다 보니 에피소드도 많았다. 어느 날, 방송이 울렸다.

"실습생 전원 선미 데크에 집합할 것. 이상 지도관."

갑작스러운 방송과 격앙된 지도관님의 목소리에 '뭔가 터졌다'라는 직감을 안고 데크로 향했다.

"물 푸기 시작한다. 파도치면 처음부터 다시 한다."

물 푸기는 실습생끼리 어깨동무를 하고 앉았다 일어서기를 반복하는 특훈, 즉 기합이다. 한 명이 무너지면 대열 전체가 파도처럼 흔들린다. 우리는 58기였기 때문에 '5,800회 실시'라는 지시가 내려졌다. 실습선에서는 위생 문제로 외부 음식 섭취가 특정 시간과 장소 이외에서는 제한되는데, 한 실습생 동기가 개인 호실에서 치킨을 몰래 먹다 들킨 것이었다. 물론 5,800회는 불가능한 숫자라는 걸 모두가 알았다.

나는 기합 때도 운동한다는 자세로 임했다. '어차피 받을 거, 운동이라고 생각하자'라는 마음이었다. 요령도 피우지 않았고, 팔굽혀펴기나 앉았다 일어서기 같은 훈련도 정자세로 임해 동기들 사이에서 가장 오래 버티는 사람 중 하나로 소문났다. 하지만 그날은 달랐다. 아침부터 속이 안 좋았고, 등에서는 식은땀이 줄줄 흘렀다.

지도관님의 구령에 맞춰 물 푸기를 시작했는데, 5분도 채 안 돼서 현기증과 구토 증상이 몰려왔다. 나는 손을 들었다.

"지도관님, 화장실 좀…."

내 얼굴을 본 지도관님의 얼굴도 덩달아 사색이 되었다. 내가 가까운 선내 화장실로 달려가 구토하고 있는데 누군가 문을 열고 들어왔다.

"뭐야? 동현이 너 왜 그래?"

뒤를 돌아보니 삼등항해사님이 계셨다. 평소에도 친절하게 대해주던 선배님이기도 했다.

"아, 속이 좀 울렁거려서요…."

"뭐? 아니 기합을 얼마나 심하게 준 거야!"

삼항사님은 내가 변명할 틈도 없이 지도관님께 달려가셨고, 기합은 5분 만에 종료됐다.

운동부 출신인 나는 단단한 체격이었고, 기수에서 손에 꼽는 강골이었다. 삼항사님은 "동현이가 토할 정도면 얼마나 심한 훈련을 시킨 거냐" 항의하셨다고 한다. 추운 밤바다 위에서 실습생들이 거칠게 내쉬던 숨은 밥솥의 김처럼 보였고, 그것이 삼항사님의 오해를 더욱 부추긴 것이었다.

그날 저녁, 지도관님은 내게 오셔서 사과하셨다. 나는 아침부터 몸이 좋지 않았다는 사실을 솔직히 말씀드리며, 그날의 해프닝은 그렇게 마무리되었다. 다음 날 아침, 지도관님이 웃으며 말했다.

"어제 특훈은 동현이가 쓰러지는 관계로 종료됐다. 다들 동현이한테 고마워해라."

사관부 활동에서 배운 것

해양대학교에는 '사관부'라는 학생 단체가 있다. 일종의 학생 선도부로, 복장 점검 및 학생 지도를 맡고 각종 행사에서 도열하는 학생들을 인솔하는 역할도 한다. 그럴 때마다 교칙에 맞게 복장이 제대로 갖춰졌는지, 다림질 상태나 부착물 상태 등을 꼼꼼히 점검한다. 4학년 1학기가 끝날 무렵, 나는 사관장 선거에 출마해 당선됐다.

개구리가 올챙이 시절을 기억 못 한다던가. 1학년 때 갖은 똥군기와 부조리에 질려 퇴학까지 고민하던 나였지만, 정작 4학년이 되자 나 역시 자연스레 관행을 대물림하고 있었다. 그러던 중에 시작한 사관장 활동은 새로운 경각심을 일깨워줬다. 후배들을 지적하기 전에, 4학년이라는 이유만으로 나 자신에게는 관대한 잣대를 들이대는 것은 아닌지 하고 말이다.

이 관행들이란 1학년은 모자를 반드시 써야 하지만 4학년은 쓰지 않아도 된다는 식이었다. 이런 관행이 대개 그렇듯 저학년일수록 철저히 지켜야 하고, 고학년으로 올라갈수록 느슨해졌다. 그런데 이게 옳은, 아니 그전에 필요한 관행일까. 논리적으로 생각해보면 학년이 오를수록 규정을 더 잘 지키고, 모범을 보이는 것이 합당했다. 졸업 후 상선에 막내로 승선할 테니 당연한 말이었다. 하지만 현실은 그렇지 않았다.

물론 이런 관행을 나 홀로 뒤엎을 수는 없었다. 대신 나는 모범을 보이기로 했다. 관행을 없앨 수는 없지만, 이 학교의 구성원으로서 관행을 존중하고 착실히 따르는 4학년이 되기로 말이다. 그래야 후배들에게 내 조언과 지적이 유의미하고, 또 긍정적으로 작용할 것이라고 봤다. 그리고 당시에는 몰랐지만, 이 사소하고도 커다란 결심은 시간이 지날수록 빛을 발했다. 이 간단해 보이는 솔선수범의 리더십이, 신뢰의 주춧돌이 되어준 덕이다.

영미권에는 '스스로 모범을 보이며 이끌어간다leading by example'라는 말이 있다. 상급 사관이 개인 보호장비를 잘 착용하지 않거나, 선원들에게 요구한 것들을 상급 사관이 특혜랍시고 행하지 않을 때, 선원들은 어떤 말도 없이 상급 사관을 바라보기만 한다. 속으로는 억하심정을 품고서. 억하심정이 있는 부하가 진심으로 상사를 따를 리 없다.

돌이켜보면, 이 경험은 나에게 큰 연습이자 성찰이었다. 나는 '어떤 리더가 될 것인가', 나아가 '어떤 선장이 될 것인가'의 단초가 돼줬다. 아마 이런 고민과 실천이 없었더라면 나의 리더십은 더 큰 파도와 너울을 넘어서야 다듬어졌을 것이다.

이 정도면 불행 중에는 괜찮은 편

졸업 이후에는 4학년 1학기 때 실습한 선사에 취직하는 게 일반적이다. 실습 동안 해당 선원의 퍼포먼스와 고과를 매겨 검증 과정이 되는 덕이다. 물론 실습 고과를 잘 받아야 한다는 전제는 필요하다.

그런데 난 조금 난감한 처지였다. 실습 때만 해도 좋은 대우로 선망의 회사로 꼽히던 내 실습 선사는 그 사이 다른 회사에 합병되었는데, 합병 후에는 한국인 선원을 고용하지 않았던 것이다. 나는 낙동강 오리알이 되었지만, 뾰족한 방법이 없었다. 얼른 다른 회사를 알아보려 품을 팔았다.

그래도 정말 불행 중 다행이라 할까, 내가 졸업한 해부터 SK해운에서 장학생을 모집했다. 대기업이면서 내가 승선하고 싶은 탱커선이 주력인 선사였기에 볼 것도 없었다. 밤낮으로 열심히 작성한 이력서를 넣었고, 운이 좋게 장학생으로도 선발되었다. 난 그렇게 SK해운에서 내 첫 승선을 시작했다.

II

진짜 바다로, 신참 항해사의 기쁨과 슬픔

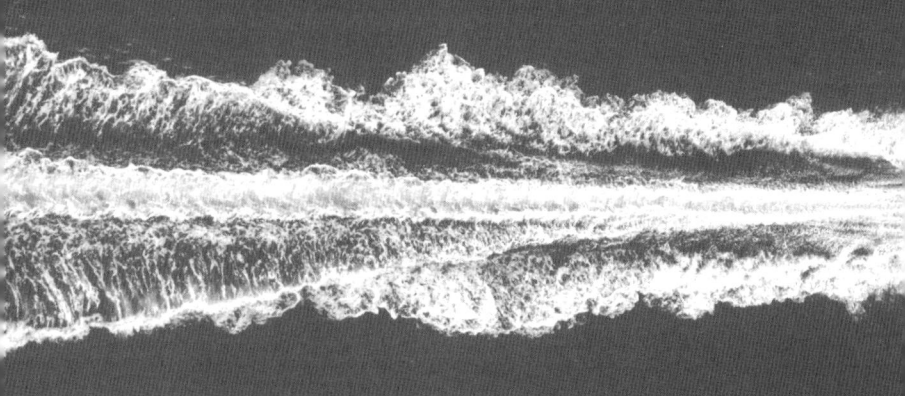

난생처음 겪은
황천항해

택시에서 내리자마자 후덥지근한 공기와 퀴퀴한 매연 냄새가 코를 찔렀다. 백팩을 메고 20킬로그램이나 하는 이민가방을 든 채로 아스팔트 길을 달달거리며 걸었다. 선원임을 증명하는 남색 선원수첩 안에는 굵은 펜으로 적힌 한 페이지가 있었다.

승선지: 닝보, 중국 / 직책 : 3/O

국내 선사에 취업이 되어 삼등항해사로서 승선하러 가는 길이었다. 도착지는 중국 '닝보'. 항해사로서의 첫 배였다. 나를 마중 나온 중국 현지 에이전트가 나와 승선하는 일행 선원들을 이끌고 부두로 향했다. 승합차 문을 열고 내리니 기름 냄새가 코를 찔렀다. 눈앞에는 문자 그대로 웬만한 빌딩보다 큰 선박이 접안해 있었다. 길이는 330미터, 총톤수는 16만 톤. 만재배수량은 30만 톤이 넘어, 흔히 VLCC Very Large Crude oil Carrier라 불리는 초대형 원유선이었다.

"와…! 진짜 크다! 나중에 선장 되면 내가 이런 걸 운전할 수 있을까….'

20킬로그램이나 되는 이민가방을 메고 배 위에서 내려준 승선용 사다리를 헉헉거리며 한참을 올라가야 배의 가장 아래인 갑판이 나왔다.

"선장님 안녕하십니까?"

"니가 삼항사가. 가서 짐 풀어라."

하얀 머리가 희끈희끈 보이는 선장님은 선장 경력만 20년이 넘으신 베테랑이셨고, 나는 선장님과 악수를 나눈 뒤 배정받은 임시 침실에 짐을 풀었다. 실습항해사를 거치며 연습해봤지만, 삼등항해사로 배에 오르니 또 새삼 모든 게 새롭고 긴장되었다. 내 가슴팍에는 실습 때 빼곡히 적어놨던 노트와 펜 하나가 부적처럼 자리했다. 이를 떠올리며 주문을 외웠다.

"잘하자, 잘할 수 있다!"

중국 닝보항을 출항해 3주가 걸려 다음 목적지인 사우디아라비아의 라스타누라항으로 가야 했다. 30만 톤의 원유를 중국에 퍼주고 나서, 우리 배는 다음 항구를 향해 출항했다.

하루에 사용하는 연료만 100톤에 육박하는 거대한 엔진이 굉음을 질러댔다. 직경 10미터의 프로펠러가 회전했고, 출항 기적이 바다를 가로지르며 뻗어나갔다.

난생처음 겪은 황천항해

  선원들은 대부분 바다를 좋아한다. 지겹게도 봐야 하는 게 바다인 만큼 바다를 좋아하지 않으면 할 수 없는 일이기도 하지만, 선원의 바다 사랑은 그 이상이다. 휴가 때에도 바다를 찾고, 바다 근처에 사는 경우도 드물지 않다. 그런 동시에 선원들이 가장 무서워하는 것 또한 바다이다.

  '황천항해'. 태풍을 만나 배가 뒤집어질 것 같이 흔들리는 항해를 가리키는 말이다. 나는 삼항사로 탄 첫 배에서 황천항해를 처음 경험했다.

  인도양 한가운데를 항해하던 그날은 유독 고요했다. 길이 330미터의 초대형 선박이 검푸른 인도양을 가로지르며 만들어내는 파도에 날치들이 놀라 도망치듯 날아가는 모습도 선명히 보일 만큼.

SECURITY, SECURITY, SECURITY, STORM WARNING

선교에 위성 메시지가 프린트되었다. 그날 당직을 서던 나는 수신된 프린트를 곧바로 확인했다. 육상으로 치면 날씨경보를 알리는 'SECURITY'. 심상치 않은 예보였다. 처음에는 크기가 작았던 태풍은 우리 배 앞쪽을 지나가면서 더 맹렬해졌다. 중심 풍속은 30, 40노트를 넘어 50노트까지 급격히 치솟았고, 우리 배 앞에 위치할 즈음엔 60노트에 이르렀다.

속력 단위는 보통 m/s 혹은 km/h를 사용하지만, 바다에서는 노트를 사용한다. 1노트는 약 1.9km/h 정도이다. 다시 말해 60노트의 바람 세기라면 110km/h와 비슷하다. 이 정도면 사람이 서 있지 못하는데, 이런 태풍이 불 때에는 파고가 10미터 이상인 파도가 굽이친다. 사람의 키가 아무리 커도 2미터 정도이니, 파도의 높이가 어떨지 가늠될 것이다.

이런 황천항해를 할 때 선박에서는 가장 크게 두 가지 움직임이 발생한다. 롤링과 피칭. 오뚜기를 떠올려보자. 오뚜기가 옆으로 밀릴 때, 다시 말해 왼쪽 오른쪽으로 왔다 갔다 하는 것이 롤링. 그리고 앞뒤로 밀리는 것이 피칭이다. 물론 실제의 항해 때 선박은 수직과 수평 움직임, 다시 말해 롤링과 피칭을 복합적으로 보인다.

그런데 빌딩을 눕힌 크기의 초대형선도 과연 태풍에 흔들릴까? 나도 삼항사 시절에 이런 궁금증이 있었다. 그토록 큰 배를 타본 적도 없고, 황천항해는 더더욱 겪어본 적이 없었기 때문이다.

초대형선은 어떻게 설계하고 건조하느냐에 따라 다르지만, 소형선에 비하면 어떤 면에서건 굉장히 안정적이다. 여러 요소 중에서도 특히 무게가 중요한데, 당연하게도 배가 무거울수록 물밑으로 잠기게 된다. 즉, 배가 무거우면 수면 밑으로 얼마나 깊이 가라앉는지를 가늠하는 흘수Draft가 깊어져 배의 물밑 면적이 넓어지고, 반대로 수면 위에서 바람의 영향을 받는 면적이 줄어든다. 그러면 배의 무게중심도 아래로 향하게 되어 웬만한 파도에는 출렁임 없이 항해가 가능해진다.

배의 무게는 화물을 실을 때 가장 무거워진다. 화물이 없는 공선 상태일 때는 또 다르다. 공선 상태에서는 상대적으로 선박의 무게중심이 배의 위쪽에 있어 태풍의 영향에도 민감해지고, 그래서 더 많이 흔들린다. 내가 탔던 유조선은 화물을 싣지 않았을 땐 흘수가 약 10미터였으나, 화물을 실은 상태에서는 20미터로 약 두 배 정도 차이가 났고, 그 차이는 굉장히 드라마틱했다.

공교롭게도 황천항해에 접어들었을 때 우리 배는 공선 상태였다. 배는 파도를 맞을 때마다 오뚜기처럼 기울었다가 다시 제자리로 돌아와 반대쪽으로 기울었다. 파도는 아주 규칙적으로 큰 파형을 그리며 점점 배를 흔들어댔다. 330미터 초대형선이라도 성난 바다 앞에서는 돛단배와 별반 다르지 않다는 걸 체감했다.

태풍은 짧게는 며칠, 길게는 일주일이 넘게도 배를 흔든다. 그때야 나는 알았다. 왜 배의 모든 화장실 샤워실과 세면실에 장애인 화장실처럼 손잡이가 있는지, 또 선박 모든 복도에 왜 손잡이가 있는지, 식당의 밥그릇은 왜 식탁에 붙어 있는지, 컴퓨터 모니터는 왜 책상에 나사로 고정되어 있는지. 뱃머리 부분에서 뛴 웬만한 건물도 집어삼킬 만한 파도가 300미터를 날아와 선교 창문에 부딪혔다.

신참 삼항사인 나는 온갖 상상을 다 했다. '구명조끼를 입어야 하나?', '배가 침몰하면 구명정으로 바로 가야 하나?', '여기 수심은 얼마나 되지?'

하루에 8시간씩 서는 당직 때면 선장님은 거의 매시간 올라와 날씨를 확인하셨다. 아무 말 없이 올라온 선장님은 배의 방향을 조금씩, 아주 조금씩 틀고서는 다시 내려가셨다. 나는 주로 낮에 당직을 섰는데, 선장님도 걱정이 되셔서 자주 오시나보다 했다.

황천황해가 사흘째 이어지던 날, 나는 동료들과 이야기를 나누다가 조금은 놀라운 말을 들었다. 선장님이 다른 사람의 당직 때도 거의 매시간 올라오셔서 당직 때 눈치가 보인다는 이야기였다. 선장님은 낮뿐 아니라 밤에도 선교에 올라와 날씨를 계속 확인하신 것이었다. 그리고 선교에 오실 때면 항상 말없이 가장 앞에 서서 계셨다. 흔들리는 배 위에서도 아무 말 없이 묵묵히 등만 보인 채로 조타하시며.

난기류를 만나 흔들리는 비행기에서 승객들은 먼저 승무원들 표정을 바라본다는 이야기가 있다. 그래서 승무원들이 태평하게 있으면 별일 없겠거니 여기고, 승무원들의 얼굴에 당황하는 기색이 서리면 승객들도 그때는 당황한다고. 선장님의 등은 내게 마치 승무원의 차분한 얼굴처럼 다가왔다. 선장님의 어깨 너머로 태풍이 보일 때는 이상하게도 무섭지 않았다. 언제나 묵묵하게 조타하는 그 등을 바라보며, 나도 조금씩 뱃사람이 되어가고 있었다.

바다에서의 속력 단위, 노트

선박의 속력을 나타낼 때는 노트(knot)를 사용한다. 노트는 선박이나 항공기의 속력을 나타내는 단위로, 1노트는 1시간에 1해리(nautical mile), 즉 1.852킬로미터를 이동하는 속력을 뜻한다. 이 단위는 항해 초기 시대, 배의 속력을 측정하던 고전적인 방법에서 유래했다. 당시 항해사들은 로그 라인(log line)이라는 도구를 사용했는데, 이는 오늘날 기준으로 대략 47피트 3인치, 즉 14.4미터 간격으로 매듭이 묶인 긴 밧줄이다. 이 밧줄 끝에 나무로 된 판인 로그를 달아 바다에 던졌고, 배가 움직이면서 밧줄이 풀리는 동안 30초간 몇 개의 매듭이 풀렸는지를 세어 속력을 측정했다. 이렇게 풀린 매듭의 개수가 곧 선박의 속력, 즉 노트가 되었으며, 이 방식이 단위의 이름으로 굳었다. 현대에는 GPS나 레이더를 이용해 속력을 정확하게 측정할 수 있지만, 단위로서의 노트는 여전히 국제적으로 널리 사용되고 있다.

피할 수 없는 울렁임, 롤링

롤링 현상은 오뚜기를 떠올리면 이해하기 쉽다. 좌우로 흔들리는 오뚜기처럼 배도 좌우로, 일정 주기로 흔들리게 되는데, 배에서 흔들림의 정도를 표현할 때는 각도를 이용한다. 배가 똑바로 서 있는 축을 0도로 하고, 한쪽으로 배가 끝까지 기울었을 세로축을 기준으로 한 기울기 각도로 표현하는데, 10도 롤링이라면 왼쪽으로 10도 오른쪽으로 10도, 도합 20도의 진자 운동을 한다는 의미이다.

10도라 하면 수치상 작아 보이지만, 이 정도만 해도 책상 위의 물건들이 한쪽으로 쏠리기에 부족함이 없다. 20도 롤링 시에는 사람이 무엇을 잡지 않고서는 서 있을 수 없고, 30도에는 배가 전복되는 수준으로 느껴진다. 하지만 롤링이 심각한 가장 큰 이유는, 태풍이 지나갈 때까지 멎지 않기 때문이다. 몇 시간도 아니고 24시간 이상, 혹은 수일간도 계속된다. 잠을 잘 때나, 밥을 먹을 때나, 샤워할 때나, 일을 할 때나. 그렇기에 배의 모든 곳에는 손잡이가 달려 있다. 복도, 방, 화장실 어느 한 곳도 예외가 아니다.

바다 위의 작은 방,
선실 생활 적응기

아침 6시 55분. 느껴질 듯 말 듯한 소음에 눈이 뜨였다. 배의 엔진이 내뿜는 진동에 몸이 반응했다. 시계를 보니 일어나야 할 시간보다 정확히 5분 일렀다. 팔을 위로 더듬어 머리맡 침실 등을 켜고 선실 커튼을 살짝 걷자 푸른 바다가 거울처럼 별을 비췄다. 내 선실은 9층, 한 층만 올라가면 가장 높은 선교층이었다. 아침 8시부터 정오까지 오전 당직을 수행하기 위해 간단히 세면을 하고서 선실을 나갔다. 계단 한 층만 올라가면 출근이었다.

선교 문을 여니 삐그덕 하는 소리와 함께 눈이 부셨는데, 끝도 없이 펼쳐진 바다가 파노라마형 창문을 너머 한눈에 들어왔다. 강렬한 별이 페르시아만의 출렁거리는 바다에 비쳐 선교 창문으로 넘실거렸다.

"수고하십니다!"

"어, 삼항사! 좋은 아침."

오전 4시부터 8시까지 4시간 당직을 선 선배 항해사가 인사를 건네왔다. 이 선배는 벌써 승선 4년 차인 이등항해사이자 곧 일등항해사 진급을 앞둔 최고참 선교 항해사였다.

"그래 삼항사, 저 앞쪽에 우리 배랑 충돌 위험이 있는 선박이 하나 있고, 오른쪽에는 어선군이 조금 펼쳐져 있어. 움직이지는 않아도 레이더로 잘 보고, 알파 타겟팅 잘해놔. 그리고 선장님 올라오시면⋯."

인수인계가 끝나기 전, 나는 바다를 쭉 한번 둘러봤다. 눈으로 배 주변을 먼저 살핀 후, 레이더 쪽으로 가 주변을 확대해 가까운 물표들의 움직임도 살피고, 날씨도 확인했다. 바람의 방향, 세기, 파도의 방향. 역풍이나 역조류 때문에 선박의 속력이 떨어지면 선장님께 보고해야 했다. 제시간에 목적지에 도달하기 위해서는 사전에 여러 요소를 진단하고 조기에 적절한 조치를 해야 하는 법이니까.

항해 당직이 왜 필요하냐면

항해사는 하루에 8시간 서는 당직, 항해 당직을 수행한다. 선교, 즉 조타실에서 선박이 정해진 항로를 따라 목적지까지 안전하게 항해하도록 조타하는 일이다. 정해진 항로를 따라 회두Alteration하고, 어선이나 상선들을 마주치면 국제 규정에 따라 피항 조치를 해야 한다.

전임 당직 항해사에게 간단한 인수인계를 받고 나면, 그때부터는 내가 당직사관이 되었다. 8시부터 12시까지, 나와 필리핀 당직 타수 두 명이서 선교 항해 당직을 수행했다. 나는 당직사관, 필리핀 당직 타수는 견시원이었다.

"삼항사님, 정선수에 저희 쪽으로 오는 선박 한 척이 보입니다."

정선수는 배의 앞머리를 뜻한다. 필리핀 타수가 쌍안경을 내려놓고 한 말은 상대측 배가 우리 쪽을 향하고 있다는 의미였다.

TCPA 15min, CPA 0

레이더에는 그 선박과의 충돌 여부가 계산되어 있었다. CPA는 두 선박이 현재의 속도를 유지할 시 최종적인 두 배의 간격을, TCPA는 CPA에 이르는 시간을 뜻한다. CPA 0은 이 두 배가 정면충돌할 예정이고, TCPA 15분은 정면충돌까지 15분이 걸린다는 의미였다.

타수에게 수동 조타를 명령하고 오토파일럿이 해제되자, 타수가 조그맣게 생긴 운전대 앞에 가 "수동 조타!"를 복창

했다. 이제 330미터의 선박을 직접 조종할 준비가 되었다.

"우타 10도Starboard Ten."

"우타 10도Starboard Ten!"

아주 미세한 떨림과 함께 선박의 회두지시계ROT, Rate Of Turn가 우현으로 조금씩 돌기 시작했다.

"정침하라Steady."

"정침Steady! 110도 정침 완료Steady One-One-Zero!"

선박을 충돌 경로에서 완전히 빼낸 후 정침하고, 상대 선박을 안전하게 보낸 뒤 다시 원래 경로로 되돌렸다. 항해사의 일이란 이런 충돌 회피 동작을 하며 본선을 안전하게 항해하는 것이다. 물론 더 복잡한 해역을 가거나 입출항 등 고도의 항해술이 필요할 땐 선장이 직접 조선한다.

충돌을 회피하고 한숨 돌리고서는 커피를 한 잔 타왔다. 하루 8시간 반복되는 당직을 수개월 서며 매일 바라본 바다지만, 이 바다는 아무리 봐도 질리지 않았다. 오히려 묘한 안정감을 줬다. 쏟아지는 별은 파도 위에서 춤을 추며 은결을 빚어냈다. 시시각각 달라지는 파도와 별의 조화를 바라보며 커피 한잔을 할 때면, 그 순간엔 세상 무엇도 부럽지 않았다.

삼등항해사의 일

삼등항해사는 08-12 당직과 20-00 당직, 즉 오전 8시부터 정오까지와 오후 8시부터 자정까지 하루 총 8시간의 항해 당직을 수행하고, 그 이후에 2시간 정도의 초과로 근무한다. 선장과 일등항해사를 보좌하며 여러 작업을 해야 하는데, 항해 당직 때는 항해에 집중해야 하니 초과근무를 하는 것이다. 이 초과근무 시간에는 선박의 내 소화 및 구명설비 등의 구조 장비 정기 점검, 선내 의약품 관리, 입출항 서류 관리, 항해일지, 항로 계획 보조, 하역 작업 등 항해 이외의 일들을 처리한다.

매일 10~11시간 정도 일하는데, 육지와 다른 점이라면 항해사의 일은 주말과 휴일이 따로 없다는 것. 24시간 운항 중인 배를 바다에 세워놓고 쉴 수도 없는 노릇이다. 일요일도, 설날도, 크리스마스도 예외가 아니다. 그에 대한 보상이라 할까, 짧으면 6개월에서 길면 1년까지 고된 노동을 하고 나면 수개월간의 긴 휴식을 갖는 게 항해사의 기본 루틴이다.

거칠고 모난 시기를
다듬어준 인연

 2017년 여름에 나는 탱커 출신의 항해사로서, 처음으로 LNG선에 승선해 이등항해사로 세 번째 달을 보내고 있었다. LNG선의 환경은 예상보다도 더 보수적이었다. 이 업계에서 흔히 말하는 'LNG 출신'이 아니라는 이유 하나로 나는 쉽게 무시당했고, 이미 굳게 다져진 '그들만의 리그'를 비집고 들어갈 틈은 좀처럼 보이지 않았다.
 LNG선 특유의 엘리트주의는 부정할 수 없는 현실이었다. 그들은 실제로 전문성이 높았고, 자신들만의 기술적 기준과 자부심도 뚜렷했다. 문제는 그 특유의 폐쇄성이었다. 나는 그 안에 낄 수 없었고, 늘 이방인일 수밖에 없었다.
 당시에는 하루하루가 버거웠다. 특별한 사건이 있어서가 아니라, 그저 묵묵히 해야 할 일을 하며, 누구의 간섭도 받지 않는 방 안에 혼자 있을 때조차도 끊임없이 긴장했다. 쉬는 시간에는 영어 공부를 하고, 점심과 저녁에도 밥을 서둘러 비운 뒤 곧장 방으로 올라와 책상 앞에 앉았다. 사람들과 어울리는 시간도, 대화를 나누는 일도 최소한으로 줄였다. 자의 반, 타의 반의 고독한 나날이었다.

그러던 어느 날, 인천에 입항했을 때였다. 아무도 없는 선교에서 조용히 출항 서류를 정리하던 중, 누군가 우렁찬 목소리로 말을 걸어왔다.

"이등항해사님, 안녕하십니까! 이번에 새로 승선한 삼등항해사입니다!"

조금 놀라 고개를 들었다. 그제야 며칠 전 보고서에서 읽은 여성 삼등항해사의 존재를 떠올렸다. 그녀는 밝은 얼굴로 90도 가까이 허리를 숙여 인사했다. 나도 최대한 예의를 갖춰 고개를 숙였다.

나중에 들은 이야기로는, 그녀 역시 다른 승선자들처럼 첫날부터 '사람 잘못 만난 것 같다' 싶었다고 했다. 듣자마자 쓴웃음이 나왔지만, 동시에 왠지 미안한 마음도 들었다. 원래 살갑지 않은 성격이기도 했고, 당시 움츠려 있던 나의 눈빛이나 표정이 좋기는 힘들기도 한 때였다.

모난 선배 옆의 에이스 후배

그 배에서 나는 12시부터 4시까지 12-04 당직을, 삼항사는 8시부터 12시까지 08-12 당직을 섰다. 이등항해사 진급을 준비한다며 자주 내 당직 시간에 올라와 질문을 쏟았고, 나는 점심을 먹고 한두 시간 정도 항해 교육을 해줬다. 조금만 알려줘도 금세 소화하는 친구였기에, 절로 좋은 인상을 갖게 됐다.

알고 보니 그녀는 학생 때부터 엘리트였다고 했다. 공부며 어학이며 빠지는 구석이 없었고, 어릴 적엔 해외에서 국제학교를 다니다가 한국해양대에 입학했다고. 그런 배경 덕분일까, 그녀는 항상 말을 아꼈고, 조심스러웠으며, 관계의 결을 잘 읽었다. 내가 선장님이나 일항사님의 말을 대수롭지 않게 넘길 때도, 그녀는 조용히 다가와 "그 말씀은 이런 의미 같아요" 하고 귀띔해주곤 했다.

혼자 한국에 와 배를 타고 있다는 이야기를 들었을 때는 마음이 짠했다. 부모님은 외동딸을 한국에 두고 해외에 계신다고 했다. 아들만 둘인 우리 집에서도 내가 배를 탄다고 할 때마다 마음을 졸이는 게 부모님인데, 부모님과 떨어진 채 홀로 이 바닷길을 오가는 일을 선택한 게 참 장하다 싶었다. 그런 생각에 나는 괜히 내 동생과 잘 어울릴까 싶어 장난처럼 떠보기도 했다.

"동생 소개를 다 해주신다니, 동생 분은 얼굴이 별로인가 봐요?"

"야, 내 동생 배우야. 배우!"

그녀는 웃으며 손사래를 쳤고, 지금은 연애보다 일에 집중하고 싶다고 했다.

당시의 나는 거칠고 모난 돌이었다. LNG 출신도 아닌 데다, 보수적인 선배들과도 자주 충돌했다. 매뉴얼에 없고, 불합리하다 싶으면 그대로 들이박았다.

"일항사님, 이건 제 일이 아니지 않습니까?"

"기관장님이 술 드시는 테이블을 왜 제가 차려야 하죠?"

하루는 선장님과 의견이 충돌해 선교에서 언성을 높인 일이 있었다. 보수적인 성향이 강하던 선장님과, 선원 계약기간 문제를 두고 이야기하다가 다툼이 된 것이다.

"선장님, 솔직히 우리 회사 배 너무 오래 태웁니다. 매번 사정이 있다며 하선 시기 계속 미루는 거, 좀 너무하지 않습니까?"

"예전보다 얼마나 나아졌는지 모르고 하는 소리야. 예전엔 1년 넘게도 탔어."

가볍게 시작한 대화는 급격히 감정 싸움으로 번졌다.

"그래, 그럼 가! 가면 될 거 아니야!"

"네, 갈 겁니다. 안 바뀌면 제가 가야죠."

선장님은 씩씩거리며 선교를 내려가셨고, 나는 뒤에 남아 여전히 화를 삭히지 못한 채 서류를 넘기고 있었다. 그때 삼항사가 조용히 다가와 말을 붙였다.

"이항사님, 제가 들어봐도 이항사님 말씀 틀린 거 하나도 없어요. 저도 정말 같은 생각이에요. 그런데… 그렇게 화낸다고 아무것도 안 바뀌잖아요. 뭔가 바뀐다기보단 괜히 이항사님 평판만 깎여요."

천 번, 만 번 옳은 말이었다. 그 열정만큼이나 직선적이고 미숙하던 그 시절의 나와 달리, 그녀는 유연하면서도 묵묵한 사람이었다. 바람에 흔들리는 갈대처럼 보였지만, 그 속만큼은 아주 단단했다.

4개월이 지나고서, 내가 하선하는 날이 되었다. 싱가포르를 통과하며 8개월간의 항해를 마치고 귀국하는 길이었는데, 그녀는 이등항해사로 진급해 내 이항사 자리를 이어받게 되었다. 그동안의 성실한 태도와 준비된 실력에 선장님의 추천이 더해진 결과였다.

"삼항사, 아니 이제 이항사구나. 잠시 이쪽으로 와봐."

내리기 10분 전, 나는 짐을 두고 선교에 가 삼항사를 찾았다. 그리고는 삼항사 어깨에 있는 한 줄 견장을 떼고, 내가 갖고 있던 두 줄 견장을 채워줬다.

"내릴 때까지 건강하고 안전항해 해라. 또 보자!"

인간관계에서 오는 파도와 너울을 정면으로만 맞부딪히려던 나였다. 하지만 그것도 이항사까지만 통용되는 일이었고, 상급 사관이자 관리직이라 할 수 있는 일항사부터는 인간관계를 유연하게 다루는 지혜가 너무도 필요했다. 그리고 내게 인간관계의 파도와 너울을 건너는 법을 알려준 사람이 바로 이 후배였다. 이 후배 덕에 나는 이항사에서 일항사로 넘어오는 길목을 무사히 지날 수 있었다.

이로부터 1년쯤 지나 내가 일항사로 바다를 누비고 있을 때, 연락 한 통이 왔다.
"일항사님, 잘 지내세요?"
"와, 정말 오랜만이다! 잘 지내지?"
"네, 전 잘 지내고 있어요. 저도 이항사로 하선해서 지금 휴가 중이에요."
"그래? 나도 방금 휴가와서 인천에 도착했거든, 나중에 밥 한 끼 하자!"
이 연락을 주고받을 때만 해도 몰랐다. 이 친구가 평생 바닷길을 거닐어야 하는 내 인생에, 항상 나를 밝혀주는 북극성 같은 동반자가 될 줄이야.

이등항해사의 일

이등항해사는 삼등항해사가 08-12 당직을 마친 뒤 이어서 12-16 당직을 선다. 이는 단순한 시간 배치의 차이가 아니라, 새벽 00-04 당직까지 포함된다는 의미다. 이 시간대는 선장이 휴식 중이므로, 이등항해사는 선장의 개입 없이도 선박을 안전하게 항해시킬 수 있을 만큼 경험이 풍부하고 신뢰할 수 있는 사관으로 여겨진다.

또한 이등항해사는 선박의 항해 담당 사관(Navigation Officer)으로, 선장의 지시와 승인을 받아 항해 계획을 수립하고, 전 항로에 대한 해도를 작성하고 검토한다. 출항 전에는 목적지까지의 항로를 설계하고, 예상 기상·해류·수심·항행 제한구역 등 안전 항해에 필요한 모든 정보를 수집 및 분석한다. 예를 들어 한국에서 미국까지 항해할 경우, 어떤 경로를 선택하고 어느 해역을 통과할지를 구체적으로 설계하는 것이 이등항해사의 역할이다.

또한 모든 해도를 최신 상태로 유지하는 것도 이등항해사의 책임이다. IMO(국제해사기구)나 각국 항로통보에서 제공되는 최신 항행 경보, 수심 변경, 항로 수정 정보를 수집해 해도를 정기적으로 갱신한다. 이 과정은 단순한 행정 절차가 아니라, 선박의 안전을 좌우하는 핵심 업무다.

배의 종류와 그에 따른 특성

상선(Merchant Ship)은 상업적 목적을 위해 운항하는 선박으로, 운송하는 화물의 종류에 따라 세분된다. 대표적으로 컨테이너선, 자동차운반선(PCC/PCTC), 벌크선(Bulk Carrier), 원유선(Oil Tanker), 가스선(LNG/LPG Carrier), 크루즈선(Cruise Ship), 특수선(Special Purpose Vessel) 등이 있으며, 이름만으로도 운송 화물을 짐작할 수 있다.

화물선은 크게 액체 화물을 운반하는 탱커선(Wet Cargo Ship)과 고체 화물을 운반하는 비탱커선(Dry Cargo Ship)으로 구분된다. 벌크선은 곡물, 석탄, 철광석 등 포장되지 않은 화물을 운반하며, 컨테이너선이나 자동차운반선은 이미 단위화(unitized)된 화물을 실어 나른다.

선원의 관점에서 가장 큰 차이는 하역 작업의 주체에 있다. 컨테이너선은 항만의 크레인 설비가, 자동차운반선은 육상 인부가 하역을 담당하기 때문에 선원의 개입이 거의 없다. 반면, 원유선, 가스선 등 탱커선은 하역 시 본선에 설치된 펌프·밸브·배관 시스템을 선원이 직접 조작 및 관리해야 하며, 화물 특성상 안전이 무엇보다 중요하다.

탱커 화물에는 독성, 인화성, 가연성 물질이 포함되어 있어, 승무 선원은 전문 교육과 안전 자격, 보호장비를 갖춰야 한다. 따라서 상선의 종류는 단순히 화물의 형태만이 아니라, 하역 방식과 선원의 업무 참여도에서도 뚜렷한 차이를 보인다.

자리가 사람을 만든다?
일등항해사가 되다

2018년 4월, 바다 어디선가에 있을 때였다. 내가 승선하고 있는 LNG선은 중동에서 LNG, 다시 말해 액화천연가스를 싣고 한국으로 향하는 중이었다.

"이항사님! 오늘 진급 명단 송부됐대요! 이번에 진급 대상 아니세요?"

점심시간에 삼등항해사가 컵에 물을 따르다가 나에게 넌지시 물었다.

"응, 이번에 진급 대상이긴 하지."

"와, 일항사 되시면 월급도 더 많이 받고! 좋으시겠어요!"

어색하게 웃으면서 고맙다고 했지만, 속사정은 달랐다.

'아직 준비가 덜 된 것 같은데….'

항해사의 계급 체계

"이항사! 축하한다! 이제 일항사라고 불러야겠구만!"

점심 식사 후, 선교로 올라가는 도중 마주친 선장님의 말씀이었다. 내 이름은 가나다순으로 쓰인 일등항해사 진급 명단에 포함이 되어 있었다. 누구나 바라는 승진이니만큼 싫다고 할 것은 전혀 없었다. 다만, 난 아직 일등항해사라고 불리기에는 모르는 게 너무 많은 것 같았다. LNG선에 타고서 화물 하역도 한 번 해보지 못했다. 그전까지 유조 탱커 경력만 있었던지라, LNG선은 여전히 익숙지 않았다.

나는 덜컥 선장님께 면담을 요청했다. LNG선을 탄 지 얼마 되지도 않았는데 덜컥 일등항해사 진급이 됐으니, 내심 걱정이 한가득이었다. 어떻게 부족한 능력을 기를지, 어떤 공부를 해야 할지 알려줄 선배가 필요했다. LNG선 경력만 20년이 넘었던 당시 선장님께서는 면담 시간에 내게 차분히 조언해주셨다.

"지금 진급이 바로 화물 담당하는 일항사가 됐다는 뜻은 아니지. 일단 04-08 항해 당직 서면서 일항사 따라 오버타임도 많이 하고, 갑판에 나가서 많이 배워. 하역 때 네가 대신 해보겠다고도 하고."

LNG선은 확실히 공부해야 할 게 너무 많았다. 탱커에 비해 하역기기가 워낙 많았기도 했고, 무엇보다 하역 절차나 안전 절차가 굉장히 까다로웠다. 그날부로 발등에 불이 떨어졌던 나는, 고참 일등항해사님을 따라다니며 이것도 배우고 저것도 배웠다.

이등항해사에서 일등항해사로 한 단계 진급하는 것이 그리 부담이냐 싶을 수 있지만, 이등항해사와 일등항해사 사이에는 2와 1이라는 숫자에 다 담지 못하는 차이가 있다. 삼등, 이등, 일등. 한국어로는 숫자만 바뀌지만, 직급을 영어로만 옮겨도 차이가 확연히 보인다. 삼등항해사3rd Officer, 이등항해사2nd Officer, 일등항해사Chief Officer이다.

이참에 항해사의 직급 구분을 조금만 더 구체화해보자. 항해사는 갑판부 항해 파트에 속하며, 그 직급은 때로 더 세분화되기도 하지만 일반적으로 삼등부터 일등으로 나뉜다. 삼등항해사와 이등항해사는 보통 하급 갑판사관Junior Deck Officer으로 불린다. 이들에게는 실무만 부여되고, 관리 역할은 부여되지 않는다. 하지만 일등항해사는 다르다. 분류부터 상급 갑판사관Senior Deck Officer이다.

일등항해사는 갑판부 전체의 부서장이다. 그 아래로 이등항해사, 삼등항해사 등 하급 갑판사관이 배속된다. 갑판장을 비롯한 갑판수, 갑판원 등 갑판부원 또한 일항사의 관리하에 있다. 일등항해사 아래에만 10여 명의 선원이 있는 셈이다. 즉, 일등항해사는 관리자로 올라가는 첫 단계이다.

어쨌든, 일등항해사로 승진하다

나는 한국에서 대학을 졸업한 지 4년 만에 일등항해사가 되었다. 그때는 몰랐지만, 일등항해사로의 진급이 이렇게나 빠른 경우는 세계적으로도 드물었다. 물론 내가 잘나서 된 게 아니다. 구체적인 시험이나 면접이 아닌 고과와 연차로 진급이 되는 한국의 승진 시스템 덕이었다. 하지만 어쨌든 일등항해사로 진급했으니 그 몫을 해내야 했다. 나는 그날부터 선배 일항사님에게 정말 많은 일을 배웠다.

자리가 사람을 만든다던가. 4개월쯤이 되니 배가 어떻게 돌아가는지 감이 잡혔다. 차츰 익숙해져 업무에 필요한 시간도 줄어드니, 나만의 시간도 늘어났다. 2019년 2월. 8개월간의 승선 끝에 꿀 같은 휴가를 받아 인천공항에 도착했다. 이제 승선 5년 차에 접어든 내 머릿속에는 선배들이 해왔을 고민 하나가 머릿속을 가득 메우고 있었다.

'배를 언제까지 타야 할까?'

이제 일항사로 자리를 잡고 머리가 굵어지니, 이런 고민이 시작되었다. 물론 나는 배를 타는 게 좋았다. 직접 보지 않고서는 결코 알 수 없는 태평양의 바다와 북대서양의 오로라, 페르시아만의 형광빛 바다, 붉게 물드는 석양 하늘 아래에서의 항해가 좋았다. 하지만 현실은 내게 좋은 것만으로는 쉽게 감당하기 어려운 고민거리를 마구 던져댔다.

1년에 8, 9개월씩 장기로 승선하는 현실에서, 결혼은커녕 연애도 보통 어려운 일이 아니었다. 나이에 비해 꽤 많은 돈을 벌고 또 저축도 해뒀지만, 정작 돈을 쓸 시간이 없었다. 불투명한 미래도 마찬가지였다. 이후로의 진급 역시 개인의 능력과 열정보다는 이 조직에 얼마나 더 오래 버틸 수 있는지, 그리고 또 개인의 앞단에 소위 '줄'이 얼마나 서 있냐가 더 중요했다.

일등항해사의 일

일등항해사의 가장 중요한 업무 중 하나는 기기정비이다. 갑판 위의 크레인, 윈치, 계류 장치, 구명 및 소화 설비 등 대부분의 장비를 정비하고 관리하는 주체가 일등항해사이다. 모든 장비를 직접 정비하지는 않지만, 각 기기의 특성과 사용 주기에 따라 정비 일정을 수립하고, 수행 상황을 점검하고 감독한다.

출항 전 선박 점검과 복원성 관리도 일등항해사의 중요한 역할이다. 복원성이란 바람이나 파도로 선체가 기울었을 때, 원래 자세로 되돌아오려는 힘을 말한다. 복원성이 부족하면 선박이 전복될 위험이 있으므로, 화물 적재 상태와 밸러스트, 연료, 청수 탱크의 분포를 계산해 선박의 안정성을 확보해야 한다.

화물 적하(Loading)와 양하(Unloading) 작업 역시 일등항해사가 전담한다. 탱커선의 경우, 본선 펌프·밸브·컴프레서 등 하역 설비를 지휘하며, 하역 순서와 압력 조정, 밸러스트 조작까지 전체 과정을 총괄한다. 모든 화물 작업의 계획 수립과 진행 상황의 통제, 그리고 갑판·기관 사관의 협조 지휘 역시 그의 몫이다.

마지막으로, 일등항해사는 선장 대리(Deputy Master)의 지위를 가진다. 선장의 부재나 신변 이상 시 그 역할을 즉시 대행하며, 선박의 모든 업무를 책임진다. 직관적으로 표현하자면, 일등항해사는 선박의 '부선장'이라 할 수 있다.

III

더 넓고 깊은
바다를 향해,
개인송출

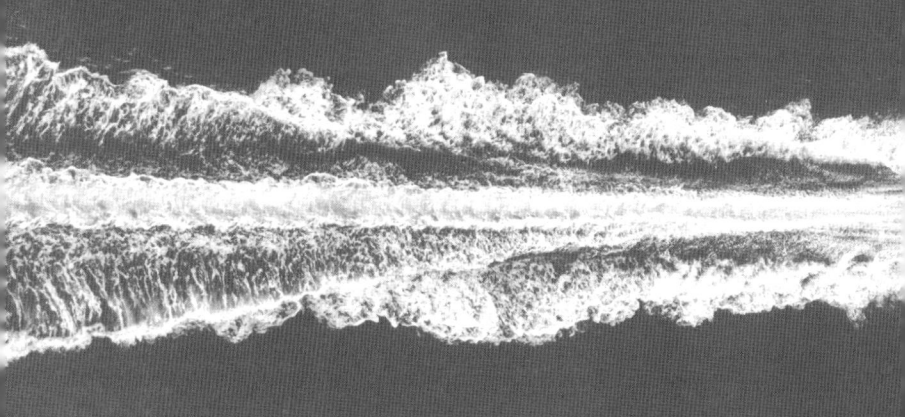

거위의 꿈,
아니 개인송출의 꿈

　국내 선사에서 6년 정도 일한 때였다. 나는 일항사로 근무하며 하루에 3시간 이상은 영어 공부에 매진하고 있었다. 그리고 이때를 떠올리면 지금도 영화 『어바웃 타임』의 대사 하나가 머릿속을 맴돈다.

　"당신은 특히 눈이 너무 예뻐요. 아니, 사실은 얼굴 전부말이에요. I love your eyes. I love the rest of your face, too."

　남자주인공인 팀이 여자주인공은 마리에게 건네는 대사이다. 이 영화만 100번 정도 보았을 시기였는데, 영어 공부는 반복 속에서 외워지는 것이라고 배웠기 때문이다. 드라마든 영화든 하나를 잡으면 수십 번씩 보며 대사를 외우곤 했다.

　당시 내가 승선하던 LNG선은 선원이 한 명도 빠짐없이 한국인이었다. 배에서 영어를 쓸 일이 없었다는 이야기다.

그런데도 나는 영어 공부에 목숨을 걸고 있었다. 7년 전 실습항해사 때 우연히 들은 풍문, 그 풍문 하나 때문에.

미국 선사에서 실습하던 당시, 미국과 멕시코를 격주로 오가는 항로 덕분에 미국에 기항할 때마다 미국의 본사 사람들이 배에 올랐다. 선박 운항에 별다른 문제가 없는지 심사, 검사 등을 하기 위해서였다. 그러던 때에 한번은 갑판장님이 미국인 총선단장을 바라보며 나에게 말씀하셨다.

"실항사요, 미국 사람들은 몇 개월씩 배 타는지 압니꺼?"

"미국요? 음… 좀 짧게 타나요…?"

"짧게 타는 정도가 아니제, 한 달, 두 달씩 이래 타고 집에 가뿐다니까."

"네? 어떻게 그렇게 짧게 타고 간대요? 우리는 6개월씩 계약인데…."

"내 예전에 외국 배 탈 때도, 양놈들은 3개월씩 타고 3개월씩 휴가받고 그랬어요, 벌써 20년도 더 전에 얘기인데도 그래."

정말 엄청난 충격이었다. 당시 한국 선사에서는 6개월씩 계약하고 배를 탔다. 한 번 배를 타기 시작하면 6개월 동안 집은 꿈도 꾸지 못한 채 배에서 일만 해야 한다는 뜻이었다. 심지어 이마저도 문제가 없을 때 이야기이고, 회사에 사정이 생기거나 교대자를 구하지 못할 때는 8개월, 길면 1년까지 배에 묶이기도 했다. 그렇게 일하고도 휴가는 고작 2달 남짓

이었다. 그런데 2, 3개월씩만 승선하면서 휴가도 승선한 기간만큼 받는다니…? 도저히 믿기 어려웠다.

"실항사도 열심히 해서 그렇게 대우해주는 회사에 들어가소. 그런 데가 한국 사람 뽑을랑가 모르겠지만…."

"그런 회사가 어떤 회산데요?"

"내는 모르지. 옛날에는 한국인들이 1년씩 배 타고, 유럽인들은 3개월씩만 배 태웠다 아닌교… 해외 선사에 입사해도 한국인은 오래 탔다 하더라고. 그런 걸 '송출'이라고 부르긴 했는데…."

송출. 두 음절로 이뤄진 단어 하나가 내 뇌리에 박힌 순간이었다.

송출의 꿈

그렇게 나는 송출, 즉 해외 선사 입사를 꿈꾸게 되었다. 삼항사로 승선을 시작하며, 1년에 9개월을 배에서 보내던 나는 배에서 있는 시간을 꿈의 도약대로 삼기로 했다. 길고도 긴 선상 생활 속에서, 송출이라는 단어는 내게 북극성이 되었다. 교재는 물론 미드와 유튜브 영상들을 다운해 가서 할 수 있는 모든 방식으로, 하루에 10시간의 근무 이후 적어도 3시간 이상 영어 공부에 매진했다.

하지만 내가 접할 수 있는 해외 선사에 대한 정보는 너무도 제한적이었다. 내 경력으로 갈 수 있는 회사가 어딘지, 입사 절차는 어떻게 되는지, 그 회사에서 3개월 승선 및 휴가를 시행하는지, 그런 회사가 정말 있다면 한국인을 뽑기는 하는지… 도통 정보를 찾을 수 없었다.

그래도 하늘은 스스로 돕는 자를 돕는다고 하던가. 내가 삼등항해사이던 때, 한 일등항해사님이 후배들을 위해 쓴 PDF 파일 하나가 동기들 사이에 자료로 떠돌았던 적이 있다. 그 일항사님은 해양수산연수원 출신으로 중동 선사에 개인송출의 길을 개척한 분이셨다. 그 회사는 한국 선사보다 월급, 승선 기간 등 모든 면에서 압도적으로 좋았다. 승선 및 휴가 또한 내가 찾던 3개월 승선과 3개월 휴가 제도를 시행하고 있었다.

그 일항사님이 작성한 파일을 경전처럼 읽고 또 읽으며, 영어와 직무 공부에 매진하는 동시에 개인송출의 길을 뚫어보려 애썼다. 하지만 3년, 4년 그리고 5년이 지나도 그 실마리가 잡히지 않았다. 승선하면 인터넷이 안 되니 그 기간에는 아무것도 할 수 없었고, 1년에 2, 3개월 있는 휴가 때에나 작성해둔 이력서를 해외 선사들에 입사지원 메일을 보낼 수 있었다. 하지만 해외 선사의 문을 아무리 두드려도 반응이 오는 곳은 없었다. 사실 문이라기보단, 벽을 두드리는 심정이었다.

인생에 세 번 온다는 행운

"형님, 여기 LNG선 일항사 뽑는다는데요? 한번 지원해봐도 좋을 것 같아요."

한 후배가 건네준 정보였다. 아주 똑똑하고 야무진 친구였고, 해외 선사에 들어가기 위해 나와 함께 애쓰던 친구기도 했다.

"티케이Teekay? 처음 들어보는데… 한번 해보지, 뭐. 고마워."

당시의 나는 회신 없는 이력서를 보내는 데 이골이 나 있었다. 입사지원 메일을 보낼 때 기대감을 품은 게 언제였는지 기억도 나지 않았다. 그런 기대감을 계속 품고 있었다면 기약 없는 반복 노동을 해내지도 못했을 것이다. 나는 관성적으로 이력서를 첨부해 입사지원 메일을 보냈다.

이 티케이라는 회사가 엄청난 규모의 다국적 선사라는 걸 알고는, 이력서에 좀 더 신경 쓸걸 하는 얄팍한 후회가 뒤늦게 들었다. 그런데 메일을 보내고 정확히 일주일이 지나고, 여태 본 적 없는 메일 한 통이 눈에 띄었다.

Dear Dong, Interview offer, Next stage

글라스고 본사의 인사 담당자가 내 이력서를 보고는 면접 제안을 한 것이다. 영어와 다르게 미들 네임이 없는 한국식 이름을 처음 봤을 담당자는 나를 'Donghyun'이 아니라 'Dong'이라고 부르고 있었다.

그 순간의 전율이란…! 심장이 얼마나 날뛰었는지 모른다. 수년의 시도 끝에 잡은 유일한 기회였다. 이번이 아니면 다음 기회가 언제일지 가늠도 할 수 없었다. 다시 오지 않을 기회일지도 몰랐다. 나는 뭘 준비해야 할지도 몰랐지만, 면접일까지 할 수 있는 모든 걸 무작정 열심히 준비하기 시작했다.

면접 당일, 서류전형, 영어 테스트, 적성 테스트를 거친 뒤, 마지막으로 회사와의 화상 면접이 진행되었다. 그런데 눈에 들어온 공란이 하나 있었다. 화상 면접 링크가 첨부된 마지막 메일에는 '제안 직책' 항목이 비어 있던 것이다. 일등항해사인 나는 당연히 일등항해사 전형으로 지원했는데, 그 항목이 비어 있는 게 어딘지 이상했다.

'뭐지…? 오류가 있나? 면접 마지막에 물어봐야겠다.'

우선은 당장 닥친 면접이 먼저였다. 물어보면 되고 확인하면 되는 문제라고 대수롭지 않게 여기려 생각을 돌리며 면접을 준비했다. 곧 시작된 화상 면접은 두 시간 동안 진행되었는데, 화물관리, 항해술, 국제법, 안전관리, 인사관리 등에 관해 굉장히 세부적이고 실무적인 질문들이 이어졌다.

사실 한국에서는 입사 면접 때 이만큼이나 실무적인 질문은 하지도 않거니와, 이 답변들을 영어로 하는 건 당시의 나에게 무척 버거운 일이었고, 그런 만큼 면접도 잘 봤다고 말하기는 어려웠다. 그렇게 면접이 끝난 직후, 내가 물어볼 새도 없이 인사 담당자가 먼저 이야기를 꺼냈다.

"동현님, 우리는 당신에게 이등항해사 자리를 제안하고 싶습니다. 일등항해사 경력이 저희가 요구하는 기간에 조금 모자라기 때문이에요."

모든 게 계획대로 되지는 않더라도

어안이 벙벙했다. 난 지금 분명 한국 LNG선에서 일등항해사로 실무를 맡고 있는데, 직책을 낮춰서 오라니? 불행하게도 항목이 비어 있던 게 우연이 아니었던 것이다.

"고맙습니다. 생각해보고 연락드릴게요."

뒤늦게 다시 확인해보니, 이 회사에서는 일등항해사 12개월 이상의 승선 경력직을 요구했는데 나는 일등항해사로 9개월간 배를 탄 상태였다. 그러니 크게 틀린 제안은 아니었지만, 아쉬움이 없을 수는 없었다. 몇 년 만에 어렵사리 잡은 기회가 알고 보니 반쪽짜리 기회였던 것이다.

내 몸과 마음은 한국 선사에서의 장기 승선으로 이미 피폐해져 있었다. 이에 반해 내가 지원한 영국 선사는 이등항해사라도 3개월 승선 후 2개월의 휴가를 보장했다. 마음 같아서는 이등항해사라도 가고 싶었다. 하지만 더 없이 현실적인 문제가 있었다. 바로 급여였다. 만일 이등항해사로 가게 되면 한국에 남을 때와 비교해 월급이 말 그대로 반토막 날 예정이었다. 그 당시 한국 일등항해사의 월급이 800만 원 선이었는데, 영국의 이등항해사는 3,600달러, 당시 환율로 대략 430만 원에 불과했다.

또 진급 시스템은 어떻게 되는 건지, 이후에 진급은 보장이 되는지, 아니라면 대략 얼마의 기간 뒤에 진급할 수 있는지도 알 수 없었다. 인사 담당자는 회사 규정에 따른다는 말만 앵무새처럼 되뇌었다.

반쪽짜리라 하더라도 가까스로 온 기회를 잡아야 할지, 다시 기약 없는 회신을 기다려야 할지의 고민에 밤을 지새웠고, 마침내 나는 결단했다.

"아들, 영국 선사는 어떻게 할지 정했어?"

"응. 나, 가려고."

더 넓은 세계로 나가보자, 어떻게든 가서 해보자. 다른 모든 불확실성을 꺼뜨린 마음가짐은 이러했다. 그리고 그때는 몰랐지만, 이 마음가짐 하나가 내 인생의 새로운 항로를 열어줬다. 입사 확정 메일을 받고 3주 후, 나는 입사 오리엔테이션을 위해 비행기에 몸을 실었다. 그리고 항공권을 다시 한번 바라봤다.

출발지: 인천, 대한민국 / 도착지: 글라스고, 영국

개인송출의 개념과 그 방법

송출은 1960년대에, 정부가 외화를 획득하기 위해 간호사, 광부 등을 국가 차원에서 해외에 파견할 때 쓰인 용어다. 물론 선원 역시 이 범주에 들었기에, 선원이 해외 선사에 취업하는 것을 송출이라 불렀다. 그리고 오늘날에 이르러서는 개인이 에이전트나 매닝 회사(manning company)를 중간에 끼지 않고 나가는 것을 '개인송출'이라 칭한다.

국내 회사처럼, 취업을 희망하는 선사의 사이트에서 직접 입사를 지원할 수 있는 경우도 있다. 그러니 관심 선사의 사이트를 꾸준히 살피는 습관을 들이는 것도 좋은 방법이다. 다만 개인송출은 링크드인(Linked in)을 통해 이뤄지는 것이 조금 더 일반적이다. 링크드인은 직업용 페이스북이라고 생각하면 이해하기 쉽다. 개인의 직업 이력을 링크드인에 SNS의 형태로 올리고, 업계인들과 온라인으로 소통할 수 있다. 이로서 업계의 소식을 즉각적으로 받아보고 또 반응할 수 있는 채널이 형성되는 것이다. 물론 개인송출이 목표라면 영어로 게시글을 써야 한다.

링크드인으로 본인의 계정을 만든 본인이 목표로 하는 회사의 인사팀과 '일촌'을 맺으면, 그 사람들이 게시하는 채용 게시물들을 받아볼 수 있다. 또 본인의 경력과 이력을 꾸준히 최신으로 업데이트 해두면 업계의 인사 담당자 측에서 먼저 연락이 오는 경우도 더러 있다. 연결 이후의 지원 과정은 보통 다음과 같다.

1. CV 송부
 - 이력서 제출
2. 녹화 면접
 - 사전 질문에 답변을 녹화해 제출
3. 영어 및 인성 면접
 - 일반 면접과 유사하지만, 영어 의사소통 능력 중심
4. 기술 면접
 - 실시간 화상면접, STCW 지식·직무대응·기기운용 이해도 평가

영국 선사의
첫 한국인 선원

　법적으로는 더 엄밀한 구분이 필요하지만, 실질적으로는 영국 글라스고에 본사를 둔 티케이, 지금은 씨피크Seapeak라 불리는 회사는 세계에서 다섯 손가락 안에 드는 에너지 수송회사이다. 1척에 3천억 원을 웃도는 LNG선은 그 당시 한국에서 내로라는 회사도 10척을 채 보유하지 못했는데, 이 회사는 LNG선만 50여 척을 보유하고 있었다.

　입사 확정 후, 인덕션Induction이라 부르는 오리엔테이션은 당연히 온라인으로 진행할 줄 알았다. 하지만 며칠 뒤에 메일로 받은 비행 티켓과 숙박 예약 내역을 본 변방국의 촌놈 선원은 입을 벌리고 놀랄 수밖에 없었다.

　글라스고에 도착한 나는 또 한 번 놀랐다. 우리 회사의 선원만 3천여 명이고, 35개국의 국적인이 모여있으며, 내가 들어와 국적이 36개국으로 늘어났다고 들었다. 다시 말해 내가 이 회사의 첫 한국인이었다.

　본사의 규모도 엄청났다. 대부분이 영국인이었지만, 간혹 인도, 스페인, 이란 등의 국적인도 있었다. 자기는 한국 선원을 처음 본다며 와서 인사를 건넨 영국 총선단장님과, 어렸을 때 이민 와서 지금까지 쭉 살고 있다는 중국계 싱가포르 총선단장님도 있었다.

　인덕션은 사흘간 진행됐다. 회사 안전 시스템, 규정, 승선 시 주의할 점 등 여러 부문의 각 담당자가 강사로 배정되어 전문성 넘치는 강의를 풀어냈다.

　물론 처음 가본 영국이었으니 신나게 놀기도 했다. 입사 동기들이 처음 모였는데, 사흘 밤낮으로 공부만 할 리 없었다. 함께 교육받으며 친해진 영국인 동기들은 강의가 끝난 저녁이면 나를 비롯한 외국인 동기들을 이끌고 스코틀랜드 바 투어를 다녀줬다.

　인덕션이 끝나고는 약 2주 내로 첫 승선 할 배가 지정될 것이라 했다. 한국으로 돌아오는 비행기에 몸을 실으니 내 머릿속에는 꽤 여러 생각과 감정이 떠올랐다.

　'잘할 수 있겠지…?'

　36개국 선원 중 내가 유일한 첫 한국인이라니. 자랑스러우면서도 막중한 책임감과 두려움도 들었다.

진짜 3개월만 탄다, 초대형 LNG선

약 2주 후, 인사 담당자의 말대로, 메일이 하나 왔다. 바로 첫 승선 일정이었다. 긴장한 탓이었을까. 메일 제목을 보자마자 숨이 턱하고 막혔다.

"와… 진짜 3개월만 타네."

내가 승선하는 배가 약 일주일 뒤에 태국으로 입항하고, 난 이등항해사로 승선한다고 나와 있었다. 이등항해사 월급과 계약기간도 명시되어 있었다. 월급은 한화로 약 430만 원, 계약기간은 3개월이었다.

한국에서 6개월, 8개월, 길면 12개월씩도 배를 타온 나로서는 3개월의 승선 기간을 눈으로 확인하고도 믿기 어려웠다. 3개월 승선 시 2달의 유급휴가가 주어졌으며, 유급휴가 기간에도 승선 때와 동일하게 월급이 나왔다.

그 당시 외항 상선 선원들은 매달 소득에서 300만 원까지 비과세 적용이 되었기에 차액인 약 130만 원만큼만 근로소득세를 내면 되니 금액적인 부분에서도 나쁘지 않았다. 계약서에 사인을 하고 회사에 송부한 후에, 내가 승선할 선박의 이름을 구글에 검색해봤다. 그리고 변방국의 촌놈 선원은 다시 한번 놀라움을 금할 수 없었다.

"뭐? 315미터 LNG선이 있다고?!"

6년, 짧지만은 않은 기간 동안 배를 탔지만 여태 300미터가 넘는 LNG선이 있다는 이야기는 금시초문이었다. 그것도 그럴 게, 한국 선사에는 존재하지 않는 크기였다. 한국에서 본 LNG선들은 대부분 260~280미터 사이였고 또 굉장히 구식이었다. 그런데 이번에 내가 타게 될 선박은 첨단 기술들이 접목된 신식 초대형 LNG선이었다.

아직 승선해보지 못한 타입의 선박이었기에 걱정이 앞서기도 했지만, 이럴 때면 내 좌우명을 되뇌기로 했다. 이번이라고 다를 것 없었다.

'될 때까지 하면 되지.'

여행처럼 시작된 첫 여정

2019년 6월, 태국은 덥고 습했다. 공항에 도착하자 현지 에이전트가 나를 기다리고 있었다. 큰 차에 짐을 싣고 바로 공항을 출발해 승선하러 바로 갈 줄 알았다. 한국 선사는 보통 그랬다. 그런데 에이전트는 나를 호텔에 내려주며 다음날 승선이라고 말해줬다.

이틀 간의 자유시간이라니. 역시 해외 선사는 다르다며 좋아했는데, 나중에 알고 보니 회사에 규정이 있었다. 비행시간이 6시간 이내면 바로 승선할 수 있지만, 6시간 이상이면 12시간 이상 호텔에서 쉬어야 한다는 규정이었다. 나는 태국에서 24시간, 하루를 온전히 보내고서 승선하러 갈 예정이었다.

　숙소의 등급도 회사 규정으로 정해져 있었다. 자사 선원이 묵는 호텔은 4성급 이상이거나 이에 준하는 시설이어야 한다는 것. 당연히 호텔 역시 만족스러웠다. 매끼 근사한 뷔페식까지 제공되었다. 물론 술은 자비로 마셔야 했지만, 불만이 있을 리 없었다.

　짐을 풀고 점심을 먹은 후에 혼자 시내 관광을 나섰다. 만 하루에 달하는 시간을 호텔에서 보내긴 아까웠다. 이처럼 승선 전과 하선 후에 주어지는 여유 시간은 선원들에게 일종의 '공짜 여행'이기도 했는데, 이 직업만의 혜택 중 하나이다.

　태국 라용Rayong 지역의 도시 맙타풋Map Ta Phut에서 홀로 도보여행을 시작했다. 전자기기에 의존하지 않고 발이 향하는 곳으로 무작정 나아갔다. 도시 특유의 분위기와 그 도시만의 냄새, 그리고 낯선 음식들이 나를 반겼다.

　영어가 통하지 않는 낯선 땅에서, 이국인으로 받는 시선은 6년 차 선원인 나에겐 그리 낯설지 않았다. 팟타이, 똠양꿍, 카오팟 등 태국 음식들도 먹고, 쇼핑도 즐겼다. 저녁에는 선선한 해변의 펍에서 마시는 시원한 맥주 한잔으로 잠시 승선에 대한 걱정도 접어둘 수 있었다. 여행 같은 하루는 그렇게 저물었다.

다음날, 오전 11시에 나를 태운 에이전트의 차량은 몇 겹의 보안 터미널을 지나 방파제 방향으로 끝없이 달렸다. 그러자 어느 순간 아주 멀찍이 있는 빨간 LNG선 한 척이 언뜻언뜻 눈에 들어왔다. 아마도 내가 승선할 배로 보였다.

선박과 육상을 드나들 수 있게 하는 갱웨이Gangway를 지나 거주구로 들어가자, 작업복을 입은 선원들은 모두 바쁘게 움직이고 있었다. 하역 작업이 한창이었다. 선원들의 가슴에 매달려있는 무전기에서는 제대로 들리지 않는 억양의 영어가 흘러나오고 있었다. 그 순간 어떤 긴장감이 나를 후려쳤다. 낯섦이었다. 낯설다는 느낌이 내 정수리에 내리꽂혔다. 배도 똑같고 배 위에서 영어를 쓰는 것도 같은데, 한국에서 승선할 때와는 분위기가 완전히 달랐다.

내 방에 짐을 풀러 가는 것은 잠시 미루고 선장님께 먼저 인사를 드리기 위해 선장실로 향해 문을 두드렸다.

"들어와!"

"안녕하세요, 선장님! 이번에 승선한 이등항해사 이동현입니다."

40대 정도 되어 보이는 젊은 인상에 100킬로그램은 거뜬해 보이는 근육질의 남성이 의자에 앉아 있었다. 선장님의 첫인상은 특유의 동유럽 억양만큼이나 강렬했다. 사무실 의자에 앉아 모니터를 주시하며 바삐 키보드를 두드리던 그는 업무가 바쁜지 나를 쳐다도 보지 않고 하던 일을 계속했다.

인사를 해야 한다는 생각에 문을 두드리기는 했지만, 내가 마땅히 할 말을 찾지 못한 채 쭈뼛거리고 서 있자, 선장님은 크게 한숨을 쉬며 자리에서 일어나 내게 악수를 청했다. 먼 길 왔을 테니 가서 쉬라는 상투적인 말로 내 어깨를 한번 툭 치곤 다시 자리로 돌아가 업무를 계속했다.

진짜? 진짜 한국인이야?

나는 큰 캐리어 두 개를 달달 끌며 복도에서 방이 어딘지 찾다가, 웬 인도 억양의 영어에 고개를 돌렸다.

"너 이번에 승선한 한국인 맞지?"

"어, 맞아. 이동현이라고 해."

"난 삼항사야. 네 방은 한 데크 밑인데, 내가 도와줄까?"

처음 만난 인도 삼항사는 어제도 본 대학 동기처럼 나를 도와주었다. 그러고는 한국인을 처음 본다며 마냥 신기해했다.

"시간 괜찮으면 화물제어실CCR, Cargo Control Room에 잠깐 와서 일항사님께도 얼굴 도장 찍고 가! 선원들도 다 모여있어서 인사하기 좋을 거야."

나는 짐을 방 앞에 잠깐 둔 채 인도 삼항사를 따라 화물제어실로 향했다. 그곳에는 하얀 작업복을 입고 견장을 착용한 선원 예닐곱이 모여있었다.

"네가 Lee구나!"

"네! 반갑습니다. 새로 승선한 이등항해사입니다."

선원들은 갑자기 내 주변으로 모여 나를 에워쌌다. 제대로 내 소개를 할 새도 없이 그들은 궁금한 것을 이것저것 물어왔다. 신기하게도 이들은 이미 나에 대해 꽤 많은 것을 알고 있었다. 나중에 알고 보니 내가 승선하기 전에 회사에서 나에 대한 기본적인 정보를 선장님에게 전달하며 진급에 대해 관심이 많은 항해사이니 잘 지켜보라고 했단다.

난 그렇게 철창 없는 동물원의 원숭이처럼 거의 한 시간을 화물제어실에 붙들려 있었다. 회사생활 20년 동안 한국인 선원은 처음이라는 영국 기관장, 일등항해사였는데 도대체 왜 이등항해사로 들어왔냐고 물어보는 크로아티아 일등항해사, 자기는 케이팝과 BTS를 너무 좋아한다며 BTS를 만나본 적 있는지 물어보는 스페인 이등항해사 등 다양한 관객들이 있었다. 그리고 그들의 호기심을 제법 해소해준 뒤에야 내 방의 문을 열 수 있었다.

"후우….”

환대 아닌 환대가 싫지는 않았지만, 짐을 대충 풀고 소파에 앉으니 나도 모르게 한숨이 나왔다. 문득 낯선 곳에서 나 혼자라는 느낌이 밀물처럼 밀려왔다. 외로움과는 달랐다. 이미 6년을 바다에서 지내온 내게 바다가 낯설지는 않았다. 다만 이 넓고도 좁은 선박에서, 홀로 변방국에서 온 이방인이라는 감각이 분명한 긴장감으로 다가왔다. 그럼에도 내가 선택한 길이니, 이겨내야 했다. 죽이 되든 밥이 되든 될 때까지 부딪혀보는 수밖에 없었다.

'잘할 수 있겠지? 아니 잘해야지.'

해외 선사에서의 첫 도전을 알리는 내 시계의 초침이 움직이기 시작했다.

비행기 타러 공항 가듯, 배 타러 외국 간다

상선은 전 세계를 돌아다니며 화물, 물자, 자원을 365일 연중무휴로 운송한다. 이에 반해 선원은 보통 수개월의 계약기간이 끝나면 하선하여 집으로 떠나야 하는데, 교대자가 대신 승선한 후에 인수인계를 마치고 귀국하는 것이 일반적이다. 이때, 승선하는 선원은 교대 시점에 선박이 입항하는 나라에 비행기로 오고, 하선하는 선원은 그 나라에서 하선해 비행기를 타고서 자국으로 향한다. 얼핏 보면 선원 한 명당 적지 않은 비용이 들 것 같지만, 상선의 항해 경로와 운항 비용을 생각하면 오히려 무척 경제적인 방식이다.

선원들은 이처럼 일 때문에라도 외국으로 비행기를 타고 가는 일이 잦기에, 보통 이런 기회를 일종의 공짜 여행으로 여기기도 한다. 보통은 하루쯤 체류하지만, 운이 좋다면 수일에서 길면 한 주가 넘게 체류할 때도 있다.

바다 위에서 누리는 휴가, 상륙

선원들은 승선하며 세계 각국에 기항하는데, 기항하는 나라에 접안하고 육지에 나갔다 오는 것을 상륙(shoreleave)이라고 부른다. 해당국의 음식을 먹으러 가거나 쇼핑하는 등 여유로운 마실에 가깝다. 짧게는 몇 시간, 길게는 일박으로도 나간다. 항해 시간만큼 자란 머리를 정리하고, 가족에게 줄 선물을 사기도 한다. 보통 현지 에이전트가 교통편을 제공하기도 하지만, 요즘엔 인터넷이 워낙 잘 되어 있어 개별로 택시를 부르는 경우가 많아졌다.

다만 상륙 시에도 선박에서 지켜야 할 사항이 있다. 선원들이 상륙을 나간 동안에도 배의 안전을 지키고 비상 상황에 대처할 수 있는 필수 인원이 필요하다. 그래서 선장과 일등항해사, 기관장과 일등기관사 등 선박 안전 운항에 필수인 상급 사관은 모두 한꺼번에 상륙하지 못하는 규정이 있다. 상급 항해사 둘 중 하나와 상급 기관사 둘 중 하나는 선박에 상주해야 한다.

누구에게나
처음은 있다

해외 선사의 실무는 녹록지 않았다. 한국에서와는 일하는 방식도, 인간관계도 모두 달랐다. 일은 물론이거니와 동료들이 모두 외국인, 그것도 10개국이 넘는 다국적 구성이라면, 아주 사소한 부분부터 생각지도 못한 불협화음이 발생하곤 한다. 가장 기본적인 영어부터 국적마다 발음도 스타일도 다르고 표현법도, 슬랭도 달랐다. 그러니 영어로 하는 평범한 라디오 교신부터가 긴장의 연속이었다.

내가 이 회사에서 처음 승선한 배를 제대로 소개해보자면 LNG 국제 해상 수송의 중심지 중 한 곳인 카타르에서, 단순한 에너지 수출을 넘어 물류 수송 허브 국가로 발돋움하기 위한 프로젝트, 카타르 프로젝트에 투입된 초대형 LNG선 'Q-FLEX'였다. 길이 315미터, 한 번에 실을 수 있는 액화가스의 양은 21만 세제곱미터에 달하는 배의 가격은 3천억 원에 육박했다. 우리나라에는 없는 새로운 타입의 배였기에 개인적으로 적응하는 데 굉장히 오랜 시간이 필요하기도 했다.

Q-FLEX는 내가 입사한 영국 선사인 티케이 LNG와 카타르에너지Qatar Energy의 공동소유 선박이었으며, 카타르에서 액화가스를 선적해 전 세계에 배달해주는 '국제 쿠팡맨'이었다. 한 번에 실을 수 있는 총 액화가스는 당시 가격으로 2천억 원 상당이었는데, 배 가격이 3천억 원이었으니 화물의 가격이 거의 선박 가격에 육박한다고 볼 수 있었다. 이런 배가 태국에서 출항한 지 이틀 만에 남지나해를 통과하고 있었다.

진급은 쉽지 않을 거야

"Lee!"

"네! 선장님!"

내 이름은 이동현이고 영문으로 'Donghyun Lee'였지만, 사람들은 다들 'Donghyun'이 아니라 'Lee'라고들 불렀다. 외국인들에게 한국 이름의 발음이 어려워서 그런 듯했다.

"점심 먹고 선장실로 잠깐 와."

복도에서 마주친 선장님은 무심하게 나를 호출했다. 선박의 선장님은 다시 언급하되 크로아티아 출신에 근무복 소매가 터질 것만 같은 근육질의 선장님이셨다. 이런 분이 무심한 표정으로 나를 부르니 긴장될 수밖에 없었다.

'혹시 내가 뭐 잘못했나…?'

한국 선사에서는 특별히 문제가 있지 않는 이상 선장실로의 호출이 거의 없었다. 나는 이전의 경험에 비추어 내가 이틀만에 무슨 잘못을 저질렀을지 지레짐작하며 선장실로 향했다. 그러자 선장님은 나에게 사무실 책상 앞에 편히 앉으라고 말해주셨다.

"좋아, Lee. 지금부터 하는 건 회사 규정상 새로 승선한 선원들을 대상으로 하는 면접이야. 그 전에 너에 대해 더 잘 알 수 있도록 네 약력을 말해봐."

회사에는 선장이 새로 승선한 항해사와 꼭 면접해야 한다는 규정이 있었다. 선장이 선원에게 바라는 역량과 기대 수준을 제시하고, 항해사 또한 이번 배에서 목표로 하는 것 등을 논의하는 자리였다. 간단히 말해 새로 승선한 선원의 선박 적응을 돕고, 또 선원의 수준을 가늠하는 시간이었다. 다행히 어떤 잘못으로 불려 간 게 아니라 한숨 놓였다.

"네 선장님, 저는 한국 선사에서 일등항해사까지 하다가 우리 회사에 이등항해사로 입사했습니다. 경력이 조금 부족해 이등항해사를 제안받게 됐고요. 열심히 해서 일등항해사로 다시 진급하고 싶습니다."

"그래? 굉장히 신기한 케이스군. 보통 직급을 낮춰 이직하는 경우는 드문데… 어쨌든 좋아. 승선 환영하고 일등항해사에게도 많이 배워. 그런데 진급은 쉽지 않을 거야."

"쉽지 않다니… 그게 무슨 말씀이신가요?"

"여기 회사가 영국계이기도 하고, 진급 시스템이 굉장히 까다로워. 나중에 시간 되면 진급 관련된 회사 내부규정을 한번 봐. 자네 경력을 보면 지금부터 2년은 걸릴 거야. 그것도 아주 아주 잘해서 추천서를 한 번도 놓치지 않을 때 이야기이지."

그 당시만 해도 나는 우리 회사의 진급 시스템에 대해 잘 알지 못했다. 그저 입사 면접 때 인사 담당자와 나눈 짧은 대화가 내가 아는 전부였다. 이미 한국에서 일등항해사로 일했던 나로서는 다시 빠르게 일등항해사로 진급할 필요가 있었다. 그런데 선장님의 말씀을 듣고서 다시 되짚어보니, 뒤늦게 '아차!' 싶었다.

"제가 그 회사에 입사한다면 진급은 얼마쯤 걸릴까요?"

"그야 동현님이 하시기 나름이겠죠. 하지만 못할 것도 없지 않을까요?"

입사 면접에서 인사 담당자의 답변이었다.

선장님과의 면접 후 선박 시스템에 접속하여 회사 매뉴얼에서 진급절차를 곧바로 찾았다. 그러자 20페이지에 걸쳐서 이등항해사에서 일등항해사로 진급하기 위한 조건 10가지쯤이 쓰여 있었다. 나는 그 중 첫 번째 조건을 읽자마자 경악을 금할 수 없었다.

선장으로부터 연속된 세 번의 진급 추천서

진급 추천서는 승선 중 한 번만 받을 수 있다. 승선계약은 3개월이니 3개월 배를 타고 2개월 쉬는 생활을 반복하면 아무리 짧게 잡아도 1년에서 1년 반은 넘어야 진급 추천서를 세 번 받을 수 있다는 말이었다. 거기다가 연속이라니… 심지어 두 번을 달아서 추천서를 받더라도 세 번째 배에서 추천서를 받지 못하면 다시 처음부터 시작해야 했다. 빨라도 2년은 걸릴 거라던 선장님의 말이 곧바로 이해됐다.

그리고 이 세 번 연속의 진급 추천서는 첫 번째 조건에 불과했다. 회사 면접부터 시뮬레이션 테스트 등 이어진 조건들도 어느 하나 녹록한 게 없었다. 하지만 좌절하거나 낙담할 시간은 없었다. 당직 후 방에 들어가 조용히 책상 앞에 앉아 다이어리를 펴고, 어떤 계획을 세워야 하는지 고민을 시작했다. 생각보다 까다로운 절차에 해낼 수 있을까 걱정도 됐지만, 하지 않는다는 경우의 수는 애당초에 없었.

'까짓거 해보자, 1년만 버텨보자. 무슨 수가 나오겠지.'

상사인지 원수인지, 마르코를 만나다

"Lee! 너 한국에서 일항사였다며? 이런 것도 몰라?"

일항사 마르코가 내게 뱉은 핀잔이었다. 크로아티아 출신의 일등항해사는 나를 그다지 좋아하지 않는 듯했다. 말투, 표정, 행동 하나하나에 짜증이 묻어있었다. 내가 무언가 물어볼 때마다 귀찮은 듯, 대답도 건성이었다. 그러다 내가 실수라도 하면 핀잔하고 불평하기 일쑤였다. 그날도 그런 날 중 하나였다. 입출항 시 선교에서 내가 로그북에 기재하는 기사를 실수했다. 전에 있던 한국 선사와 기록해야 하는 기사가 조금씩 달랐는데, 회사 절차에 아직 익숙하지 못한 탓에 벌어진 일이었다.

내 눈을 바라보고 고개를 갸웃하며 이해하지 못하겠다는 제스처를 취하던 일항사는 한숨을 푹 쉬며 선교를 내려갔다. 나는 나대로 당황스럽고 억울했지만, 영어로 어떻게 설명해야 할지도 몰랐다. 영어가 모자라니 대화가 쉽지 않고, 대화가 어려우니 오해가 쌓였다. 서로의 입장과 백그라운드를 잘 모르니 상대를 이해할 수 있는 문이 너무 좁았다.

배에서 하는 일은 비슷했으나 그 절차는 너무 달랐다. 내가 한국에서 이등항해사 때 하던 업무들과 다른 점이 많았다. 한국에서는 페이퍼워크로 치부되어 검사용으로 해치우던 체크리스트를 이곳에선 하나하나 칼같이 지켜야 했다. 또, 자기 일만 알아서 잘하면 되던 한국과 달리, 이곳은 일등항해사를 중심으로 수많은 미팅과 계획, 보고를 정기적으로 했다.

위에서 시키면 변명 없이 따르는 것을 미덕으로 여기는 한국 문화와는 너무도 다른 외국 문화에 나는 쉽게 익숙해지지 않았다. 조용히 열심히 하려고만 하던 나에게 돌아온 것은 차별뿐이었다. 그 후에도 난 그 모든 것을 속으로 조용히 소화하려 애썼다. 지금 돌아보면 말해도 문제없을 것들이었으나, 그땐 그것조차 내 거름이 되리라고 여겼다. 하지만 하역 작업을 위해 카타르에 입항하던 날, 고인 채로 해소되지 않은 감정이 결국 폭발하고 말았다.

"Lee! 내가 이거 이렇게 적지 말라고 그러지 않았어? 뭐 하는 거야!"

일등항해사 마르코는 자신만의 방식이 있었다. 회사 매뉴얼에는 없지만 자기 경험에서 우러나온, 본인만의 철칙이 있었다. 그날도 자기 방식을 간과한 나를 나무라며 크게 소리 질렀다. 나의 인내심도 이제는 바닥이었다.

"왜 소리치는 거죠? 난 입사한 지 한 달도 안 됐고, 절차가 익숙하지 않아 도움이 필요해요. 우리는 팀 아니에요? 이게 당신이 팀원을 대하는 방식이에요?"

서로 화물제어실에서 꽥꽥 소리를 질렀다. 다혈질인 크로아티아 일등항해사와 참을 만큼 참은 한국인 이등항해사는 서로 시뻘겋게 달아오른 채 맞부딪혀 큰 불협화음을 만들었다. 말 안 듣는 이등항해사는 필요 없다며 내게 방으로 가라던 일등항해사에게, 돈은 회사에서 받고 이건 내가 할 일이라며 상관하지 말라고, 내 당직 중이니 내가 하고 갈 거라며 빡빡 우겼다. 그러자 잠시간 묵묵히 나를 지켜보던 마르코는 화물제어실을 나갔다. 그날 밤에 내가 하극상을 저지른 건 아닌지, 첫 배에서의 생활부터 꼬여버린 건 아닌지 하는 별별 생각이 다 들어 잠을 잘 수 없었다.

비 온 뒤에 굳는 땅처럼

"Lee, 커피 한잔해."

다음 날, 내 당직 중에 마르코가 찾아와 커피 한잔을 건넸다. 나도 잘한 건 없었는데 상급자가 먼저 화해의 제스처를 보내니 미안함이 불쑥 올라왔다. 어제는 미안했다는 말로 마르코가 자기 이야기를 시작했다. 어떻게 배를 타게 됐는지, 아이는 몇인지, 이 회사는 어떻게 들어오게 됐는지….

마르코는 지금 이곳에 오기 직전의 회사에서 큰 사고가 있었다고 한다. 절차를 제대로 지키지 않은 휘하의 항해사 때문에 본인이 큰 책임을 지고 회사를 떠나야만 했다. 당시에 그의 두 딸은 각각 한 살과 세 살이었는데, 당장 생계부터 막막해진 것이다. 그는 다른 회사를 알아봐야 했지만, 기약 없이 무작정 입사를 기다릴 수 없어 연안 요트에서 관광객들을 투어 하는 일도 했다고 한다.

마르코의 이야기를 마저 들은 나도 내 이야기를 하나하나 꺼냈다. 여태 함께 배를 탔어도 으르렁거리기만 했던 일등항해사와 이등항해사는, 두 시간의 진정 어린 대화로 서로의 어깨에 팔을 얹는 사이가 되어 있었다.

　또 마르코의 이야기보다 중요한 게 있었다. 마르코와의 대화로 그에 대해 꽤 알게 되었지만, 내가 더 제대로 알게 된 건 바로 나 자신이라는 점. 홀로 조급해져서 스스로도 제대로 돌아보지 못한 나 말이다. 나는 이 대화를 통해 새로운 직장에서 내가 어떤 식으로 생활하고 있었는지, 그리고 또 동료들에게 내가 어떤 선원으로 보였을지 깨달았다.

　동료들과 제대로 된 대화 한번 나누지 않고 오로지 진급에만 목숨 거는, 꼬일 대로 꼬여버린 동료가 나였다. 이런 나를 돌아보며 위험천만한 바다에서 함께 목숨 걸고 일하는 동료에게 진정 어린 관심은커녕, 따뜻한 말 한마디조차 제대로 하지 않은 나 자신을 반성했다.

　이처럼 외국 상선에서 내게 닥친 첫 번째 큰 파도를 정면으로 마주한 상황은, 선배이자 동료와의 대화로 극복할 수 있었다. 정면으로 맞서며 파도에 휩쓸리기도 했지만, 아직 파도를 제대로 탈 줄 모르던 나는 파도를 타지 못하고 무작정 맞서려 애썼다. 상처가 나고 다시 아물고, 파도에 휩쓸리기도 하면서 말이다. 그러면서 점점 나는 파도에 부딪히기보다는 파도에 몸을 맡기는 방법을 배우고 있었다.

그 후 우린 그전보다 훨씬 더 친해졌다. 서로를 믿어주었고, 문제가 생겨도 탓을 하기보다는 헤아려주려 애썼다. 이항사인 내가 돛을 올리려 할 때면 매번 일항사인 마르코가 도와줬다.

몇 주가 지나자, 새로운 일등항해사가 오고 마르코가 집을 갈 차례가 되었다. 나는 아직 한 달을 더 배에 있어야 했다.

"Lee, 하던 대로 최선을 다해. 넌 진급할 수 있을 거야. 걱정하지 마!"

나중에 알고 보니 마르코는 새로 온 선장님께 나를 엄청나게 칭찬했다고 한다. 그렇게 난 친구 한 명을 얻었다. 그리고 누가 알았을까. 마르코가 3년 후 선장으로 있는 배에, 내가 일등항해사로 승선하게 되리라는걸. 다시 말해 내 선장 진급을 위한 마지막 추천서를 써줄 선장님이 되어 있을 줄.

"자네가 Lee로군? 우리 회사의 첫 한국인이라고 들었네. 난 제롬이라 하네."

새로 승선하게 된 선장님은 포르투갈 국적의 인도계 선장님 제롬이었다. 인생 멘토 한 분이 내 세상에 처음으로 등장한 순간이었다.

한국과 외국의 진급 시스템 차이

한국 선사에서의 모두 다 그렇지는 않지만, 대부분의 한국 선사에서의 진급 시스템은 꽤 단순하다. 항해사는 삼등항해사, 이등항해사, 일등항해사 그다음 선장의 단계를 밟는데, 삼등항해사에서 이등항해사까지 대략 2~3년, 이등항해사에서 일등항해사까지도 대략 2~3년, 그리고 일등항해사에서 선장까지는 대략 5년 정도의 시간이 필요하다.

한국 선사는 보통 1년에 한 번 혹은 두 번 정해진 기간에 정기 진급 발표를 한다. 회사 규정상의 최소 진급 연차가 차면 진급 고려 대상자에 오르고, 선박의 고과를 참고하여 회사에서 진급 여부를 결정한다. 물론 선박의 고과도 영향을 미치긴 하지만, 진급에 가장 중요한 요소는 승선 경력과 입사 기수이다. 한국에서는 후배 기수가 선배 기수를 앞질러 진급하는 경우가 드물다. 또 진급 때 시험이나 면접 또한 없다시피 하다. 조금 과격하게 말하자면, 진급 여부는 전적으로 회사의 결정에 달려있다고 해도 크게 틀린 말이 아니다.

해외 선사에서의 진급 방식은 한국과 전혀 다르다. 최소 경력만 맞추면 이후로는 오로지 실력순이다. 다만 그 요건만 해도 달성이 까다로울뿐더러, 요건을 달성해도 진급 면접에서 합격해야 한다. 면접은 정성 평가가 아니라 정량 평가로, 각 질문에 대한 답변이 각각 점수로 평가된다. 한국 선사에서는 해양대학교 졸업 후 보통 서른이 되기 전에 일등항해사를 달지만, 해외 선사에서는 3040의 이등항해사, 삼등항해사도 많다.

자네, 영어 공부 좀 해야겠군

 첫 해외 승선에 한 달이라는 기간은 내 진을 빼놓기에 충분했다. 진급의 스트레스 때문이었을까, 아직 익숙하지 않은 외국 생활에 따른 예민함 때문이었을까. 체감으로는 한국 배 6개월 승선이나 8개월 승선에 쓰이는 에너지가 한 달 만에 소진된 듯했다.

 "자네가 Lee로군? 우리 회사의 첫 한국인이라고 들었네. 난 제롬이라 하네."

 새로이 한 배를 타게 된 선장님, 제롬은 40대 중반의 젊은 선장이었지만, 선장 경력만 벌써 10년이 다 되어가는 베테랑이었다.

 "난 탱커 출신이네. VLCC에서부터 시작했지. 자네도 그렇다고 들었네."

나와 백그라운드가 비슷한 새 선장님은 친근한 말투와 적절한 관심으로 주변 사람들의 긴장을 풀어주는 분이셨다. 내게도 선장님의 첫인상은 더할 나위 없이 좋았다. 자그만 키에 인도계의 까만 피부, 금빛 안경테와 잘 다듬어진 수염은 그를 한층 더 지적으로 보이게끔 했다. 그런 동시에 업무와 역량에 대해서는 확실하게 짚고 넘어가는 분이셨다.

　"그래 Lee, 만나서 반갑네. 한국에서는 일등항해사로 일하다가 왔다고? 그럼 몇 가지 테스트를 해보지, 자네가 아는 대로 대답해보게."

　선교에서 커피를 함께 마시다가 갑자기 선장님이 갑자기 말씀하셨다.

　"듀 포인트Dew point의 정의가 뭔가? 그 계산법은?"

　"LNG선의 도크 아웃 후 절차를 말해보게."

　"화물창 이너팅 시에 가스 농도 LELLower Explosive Limit은 몇 퍼센트 이하로 낮춰야 하나? 그 이유는?"

　"당직 중에 좌현 선수 3마일 정도 앞에 선박 한 척이 자네 배와 조우 중이야. 그럴 땐 어떻게 할 텐가?"

　질문은 한 시간쯤 이어졌다. 당연히 영어로. 입사 면접 때의 질문들보다도 더 세밀하고 구체적이며 실제 상황에 가까운 질문들이었다. 부끄럽지만 나는 여전히 이 질문들에 능숙하게 대답할 수 없었다. 변명에 가깝지만, 한국 선사에서는 들어본 적 없는 질문들이었기 때문이다.

"Lee, 지금 이 정도의 답변들로는 일등항해사 면접에 합격할 수 없네."

"알고 있습니다, 선장님. 하지만 1년 반, 아니 1년 후엔 지금과 달라져 있을 겁니다."

말은 그렇게 했지만, 마주하고 싶지 않던 내 실력에 대한 불안감이 명확히 드리운 순간이었다.

이쯤이면 선장님이 아니라 무당 같은데요

그다음 날, 선장님은 내게 책 한 권을 주시며 궁금한 건 언제든지 물어보라고 하셨다. 그 이후로 선장님은 존재 자체가 내게 배움의 연속이었다. 선장 경력 10년이면 일등항해사 업무인 화물관리는 잊어버릴 만도 한데, 화물관리는 물론 하역, LD 조작, 재액화시설 조작, GCU 조작 등 일등항해사의 업무도 빠삭하셨다. 심지어 배에 문제가 생겨 엔지니어나 항해사들이 쩔쩔매고 있을 때면, 선장님의 간결한 조언이 해결의 실마리가 되기도 했다.

"GCU 댐퍼 확인해보게. 이 배는 항상 2번 댐퍼가 좀 삐걱거려서 평상시에 윤활유 작업을 잘 해줘야 해."

"팬이 안 돌아간다고? 리미트 스위치는 확인해봤나? 작년부터 말썽이었지."

솔직히 이 정도면 단순히 실력 문제도 아니고, 무당이라고 하는 편이 맞았다. 선장님은 배의 세세한 부분까지 하나하나 꿰고 있었다. 어느 하루에 선장님께 조심스레 여쭤봤다.

"선장님, 그런데 어떻게 일등항해사 업무도 그렇게 잘 아세요? 10년도 전에 하신 일일 텐데."

"이 배만 5년을 탔는데 잘 알아야 하지 않겠나?"

"네? 5년이요?! 이 배만 말씀이세요?"

나는 이 선장님과 2개월 남짓 승선하며 항해 당직, 화물 작업, 미팅, 작업 허가서 작성, 면접 팁 등 항해사 업무의 가장 기초적인 부분부터 다시 공부했다. 선장님께 추천서를 받기 위한 마음도 없지는 않았지만, 진심으로 내 실력을 키워야 한다는 절박함이 훨씬 컸다.

그렇게 해외 선사에서의 첫 계약기간 3개월이 끝나갔다. 나는 이등항해사로, 하급 사관이었기에 3개월 승선 후 2개월 휴가를 받았다. 다시 말해 휴가가 끝나면 이 배가 아니라 다른 배에 승선할 것이라는 의미였다.

하선 일주일 전, 메일박스에 선장님의 메일이 하나 도착해 있었다.

Sign off interview, 2nd Officer Donghyun Lee

하선 전 최종면접 통지 메일이었다. 내가 진급 추천서를 받을 수 있을지 없을지 판가름 나는 면접이기도 했다. 내 지난 3개월의 노력이 헛되지 않았길 빌며 선장님의 방문을 두드렸다. 긴장을 감추지 못하며 제롬 선장님과 마주 앉은 내가 들은 첫 말은, 전혀 예상치 못한 방향이었다.

"자네, 영어 공부 좀 해야겠군."

내 바닷길을 비춰준 북극성

면접이 진행되는 한 시간 동안, 선장님은 1분도 허투루 쓰지 않겠다는 듯 내게 속사포 같은 피드백을 날렸다. 부족한 영어도 그중 하나였다. 리포트와 이메일, 그리고 스피킹을 비롯한 영어 수준 전반에 대한 비판이었다.

"자네의 영어 능력은 나쁘지 않네. 이등항해사라면 말일세. 하지만 일등항해사로서는 아직 모자라네."

"COLREG국제해상충돌예방규칙에 대한 이해도도 아쉽네."

"우리 회사 작업 허가서 시스템도 더 잘 숙지해야 하네. 일항사에게는 더더욱 더 필요한 역량이지."

혹평의 연속이었다. 내 부족한 부분을 못 해도 10가지는 짚으셨던 걸로 기억한다. 내 눈을 마주치시며 단호히 말씀하시던 선장님은 내 쪽으로 몸을 기울여 마지막 조언을 해주셨다. 그때 선장님의 눈은 얼음처럼 투명해 보였다.

"자네도 알다시피, 난 자네에게 그저 그런 고과를 주고 걸치레나 하며 자네를 배웅할 수도 있었네. 하지만 동현, 난 자네가 얼마나 열심히 했는지 누구보다 잘 알아. 그래서 자네에게 정말 필요한 걸 주고 싶었네."

선장님이 나를 'Lee'가 아닌 '동현'이라 불렀고, 이 호칭은 선장님과 나 사이에 부쩍 줄어든 거리를 뜻했다. 선장님은 내 목표를 나보다 정확히 이해하고, 또 나의 가능성을 알아봐주시며 내가 나아가야 할 길을 알려주셨다. 망망대해에서 무작정 노를 젓기 바쁘던 내게, 물길을 비추는 북극성처럼 바닷길의 나침반이 되어주신 것이다.

선장님은 내게 페이퍼를 건네주셨다. 항해, 화물 작업, 안전 매뉴얼을 비롯한 여러 영문서 제목이 적혀 있었다. 영국 본사에서 받을 수 있는 시뮬레이터 코스와 교육도 함께. 다만 이 코스와 교육은 각각 글라스고 본사에서 3~5일 정도의 시간이 소요되는데, 10가지가 넘어 모두 이수하는데 보통 3~4년쯤은 걸린다고도 쓰여 있었다. 한마디로 내 뱃일의 족보인 셈이었다. 이것만 해도 훌륭한 가이드였지만, 이 교육들은 이후 내 바닷길의 엄청난 도움닫기가 되어주기도 했다. 물론 언제, 또 어떤 순간에 도움닫기가 되어주는지는, 꽤 시간이 지나서 알게 되었지만 말이다.

"선장님, 정말로 고맙습니다. 함께 항해할 수 있어서 영광이었어요. 꼭 다시 뵈면 좋겠습니다."

2019년 8월 여름, 내가 하선한 중동은 화로처럼 들끓고 있었다. 내 마음도 출발 지점에서 준비 중인 계주 선수처럼 기대와 흥분으로 함께 끓어올랐다. 내가 멘 가방 안에는 선장님께 받은 고과표와 진급 추천서가 들어있었다.

그로부터 3년이 지난 봄날, 완숙한 일등항해사가 된 나는 한 배에서 제롬 선장님과 다시 조우했다.
"동현! 이게 얼마 만인가! 못 본 사이에 많이 달라졌군?"
"선장님! 못 본 사이에 주름이 좀 느신 것 같은데요?"
3년 전 선장과 이등항해사로 마주했던 제롬과 나는, 이제 선장과 일등항해사로 마주하고 있었다.
"이번에도 자네에겐 계획이 있겠지? 또 어떤 계획을 세우고 있나?"
"선장님 덕분에 일등항해사 진급을 빨리할 수 있었죠. 고맙다는 인사를 꼭 드리고 싶었어요. 근데 아직도 한 계단이 마저 남았잖아요?"
선장님은 그럴 줄 알았다는 듯, 미소를 지으며 입을 떼셨다.
"그래? 좋아. 그럼 질문일세. 선장이 선박에서 갖는 법적 권한에 대해 말해보게."

해외 선사의 승선 및 휴가 시스템

한국에서는 보통 6개월 이상 승선 후 2~3개월의 휴가를 받는 게 보통인데, 이러면 휴가 후 다시 승선하는 배가 달라질 수밖에 없다. 배는 다시 6개월의 일정으로 나가는데, 휴가는 3개월이니 주기가 맞지 않기 때문이다. 그래서 한국에서는 한 번 승선한 배를 다시 타는 일이 무척 드물다.

이에 반해 3개월 승선 후 3개월 휴가를 받는 승선 휴가 동일 제도, 일명 B2B(Back to Back)를 시행하는 해외 선사에서는 두 인원이 한 배를 계속해서 교대로 승선할 수 있다. 이론적으로 한 배에만 2~3년 이상도 충분히 승선할 수 있는데, 이러면 해당 선원은 그 배에 아주 정통할 수밖에 없는 시스템인 것이다.

일례로 내가 근무 중인 영국 선사는 상급 사관부터 B2B 제도를 시행하고 있다. 이에 따라 상급 사관은 계속해서 한 배를 타니 절로 배에 대한 이해도가 높아지고, 그만큼 선박의 안전에도 힘 쏟을 수 있다. 물론 시스템적으로 이러한 장치가 있는 만큼, 사고가 발생해도 상급 사관이 더 큰 책임을 진다는 점도 있다.

두고 봐라,
내가 해내고 만다

 어렵게 첫 계약을 마쳤다. 긴장의 연속에 3개월이 어떻게 지나간 줄도 몰랐다. 지금까지 6년이나 배를 탔고, 한국에서는 3개월이 아니라 1년까지도 승선했었지만, 이렇게 힘든 3개월은 없었다. 카타르에서 하선하자마자 그제야 한숨이 나왔다. 귀국 비행기를 기다리며 공항 바에서 기네스 맥주 한 잔을 시켰다. 흑맥주 위에 크림처럼 쌓인 풍성한 거품. 꿀떡꿀떡 삼키자 절로 탄성이 흘렀다.

 "캬하…!"

 3개월의 여정이 머릿속을 스쳤다. 잘한 걸까? 끝까지 해낸 걸까? 더 잘할 수는 없었을까? 앞으로는 어떻게 될까?

 귀국하니 여자 친구가 마중 나와 있었다.

 "오빠, 너무 수고했어. 고생 많았지?"

나와 같은 항해사 출신의 그녀는 내 일, 내 마음, 내 힘듦을 나만큼이나 잘 이해해줬다. 하급 항해사는 30일 승선에 22일 유급휴가가 주어지는 방식으로, 3개월 승선에 2개월 하선을 기본 로테이션으로 돌아갔다.

2개월의 휴가는 말 그대로 눈 깜짝할 새에 흘러갔다. 그리고 다시 회사에서 연락이 왔다.

Next assignment schedule, 2nd Officer Donghyun Lee

"이번에도 생일 같이 못 보내고 가겠네. 크리스마스랑 새해도 바다에서 보내겠다, 오빠."

그녀는 항상 그랬다. 자신의 힘듦을 내색하지 않았다. 나와의 시간이 짧은 걸 아쉬워하면서도 생일과 연휴를 육지에서 보내지 못하는 나를 먼저 걱정해줬다. 그녀라고 힘듦과 어려움이 없는 게 아니었을 텐데도.

"당신이 무슨 일을 하든, 어떤 자리에 있든, 나는 항상 당신을 응원해."

긴 포옹을 나누고, 공항에서 그녀가 건네준 캐리어를 끌며 두 번째 배를 타기 위한 비행기에 몸을 실었다. 선원수첩에 끼워진 티켓에는 이렇게 프린트되어 있었다.

출발지: 인천, 대한민국 / 도착지: 댐피어, 호주

선실 밖은 낯선 바다

두 번째로 승선한 배는 중국에서 건조된 LNG선이었다. 전 세계 LNG선 중 70퍼센트 이상은 한국에서 건조되지만, 중국도 점차 수주 비중을 늘려가고 있다. 우리 회사의 LNG선 50여 척 중 3척도 중국산이었다.

"선장님 안녕하세요? 이번에 새로 승선한 이등항해사 이동현입니다."

"반가워, 두 번째 승선이라며? 잘하길 기대할게."

선장님은 굉장히 젊어 보이는 크로아티아인이었다. 알고 보니 30대 중반에 선장으로 진급해 선장 경력만 3년 차인 선장님이었다.

호주 댐피어를 출항한 배의 다음 하역지는 중국이었는데, 중국은 세계에서 LNG를 선박으로 가장 많이 수입하는 나라이다. 사족으로 덧대자면 LNG를 선박으로 수입하는 나라의 순위는 중국 다음으로 일본과 한국이다. 중국으로 가는 항차는 약 10일 정도가 소요되었다. 그리고 그 10일간, 나는 지옥을 맛봤다.

크로아티아 선장님은 자존심과 자기애가 유난히 강했다. 젊은 나이에 LNG선 선장이 된 것에 큰 자부심이 있었고, 그런 만큼 강압적이고 자기중심적이었다. 그런가 하면 상대의 국적이나 위치에 따라 태도를 달리하는, '강약약강'의 면모도 있었다. 본사에는 아부하고, 본사와 연결고리가 있거나 친분이 있는 선원은 직급을 떠나 최소한의 대접을 해줬다. 물론 나는 그 어느 쪽도 아니었다.

어느 하루에 나는 당직을 서며 항해 기기를 테스트하고 있었다. 당직 항해사가 단독으로 수행해야 하는 테스트였다. 나는 아직 새 회사의 절차에 익숙하지 않아 전 회사의 방식으로 테스트를 했는데, 이게 오판이었다. 같은 외항선이니 비슷하겠거니 했지만, 해외 선사는 훨씬 수준 높은 테스트를 요구했고, 내 테스트 절차는 지금 회사의 기준에 미치지 못했다.

선교에 올라온 선장님은 기록을 보더니 한숨을 내쉬며 나를 몰아세웠다.

"일항사까지 했다면서 이런 기본적인 것도 못 해?"

나는 새 회사의 절차에 적응할 충분한 시간도 없었고 제대로 된 트레이닝도 받지 못한 상태였지만, 모두 '내 사정'에 불과했다. 그 이후로 나는 크로아티아 선장님에게 눈엣가시로 찍혀 무얼 하든 욕먹고 움츠러들기에 바빴다.

"탁!"

"이거 멍청이 아니야? 두 번째 배인데 이런 것도 틀려?"

로그북 기사를 하나 틀린 나는 선장님에게 된통 혼이 나고 있었다. 크로아티아 선장님은 분을 이기지 못하고 내 앞에서 A2 크기의 로그북을 벽에 집어 던졌다.

굉장히 다혈질인 국적이 몇 있는데, 크로아티아는 그중에서도 유명하다. 욕을 숨 쉬듯 하는 걸로. 타 국적 선원이라면 크로아티아어로 '좋은 아침'은 몰라도 욕 하나는 꼭 알 정도다. 나도 크로아티아 욕을 열 개쯤은 알고 있다. 이런 인종적인 특성을 고려하더라도, 이 선장님은 유달리 폭압적이었다.

그때 내가 회사의 규정을 조금만 잘 알았더라도 회사 인사팀에 신고했을 것이다. 하지만 당시의 나는 상명하복에서 벗어난다는 건 꿈도 꾸지 못하는 한국인 항해사였다. 참고 또 참았다. 알고 보니 그 선장님은 선원들에게 소위 공적公敵으로 특히 유명했지만, 도망칠 곳은 없었다. 난 다음 교대 선장님이 올 2개월간은 꼼짝없이 이 젊은 크로아티아인 선장님과 함께 일해야 했다.

최악의 방식으로 배우게 된 일항사의 몫

04-08 당직을 서며 하루에 오버타임을 6시간 넘게 했다. 내 업무 시간만 해도 벅찼지만, 일등항해사 진급을 위해 새로운 일도 배워야 했다. 아침 8시에 당직이 끝나면 밥도 먹지 않고 내려가 일등항해사가 진행하는 일일회의에 참여했다. 아침밥을 먹으면 미팅 시간을 맞출 수 없었다.

난 후 일등항해사에게 무엇이든 내가 할 수 있는 일을 달라고 했다. 선박에 붙은 녹을 제거하는 녹청 작업, 일명 '깡깡이'도 좋다고 했다. 영국 일항사는 처음에는 어이없다는 듯 실소를 흘리다가, 항해사가 무슨 깡깡이를 하냐며 나를 돌려보냈다.

일등항해사는 저마다 스타일이 다르다. 어떤 일등항해사는 일을 잘 알려주고 또 책임과 권한도 곧잘 위임하는 반면, 어떤 일등항해사는 휘하의 항해사에게 본인의 일을 전혀 위임하지 않기도 한다. 특히 신뢰가 쌓이지 않은 항해사에게는 더욱더 그렇다. 그러니 저 동방 끝 작은 반도국에서 온 한국 항해사에게, 본인이 굳이? 라는 생각은 어쩌면 당연했을 것이다.

일등항해사와 신뢰를 쌓는 것이 먼저라고 생각했다. 시키진 않았지만 8시에 필리핀 갑판장에게 가 오늘 깡깡이 하는 곳이 어디냐고 물어보고 가서 함께 작업했다. 그다음 날, 아침에 일이 터졌다.

"Lee, 당직 끝나면 화물제어실로 와."

아침 7시에 걸려온 전화로 일등항해사의 낮게 깔린 목소리가 들렸다.

"어제 내가 갑판 작업 하지 말라고 했는데 왜 갔어?"

"배우고 싶고 도와주고 싶어서 갑판장에게 말하고 손을 보탰습니다."

일등항해사는 표정 없는 얼굴로 나를 바라봤다.

"아침 미팅에서 위험 요소 들었어? 작업 허가서는? 서명했어? 이 배에서 내 허가 없이는 누구도 내 작업에 참여할 수 없어."

아뿔싸. 뒤통수를 한 대 맞은 느낌이었다. 배에서 일어나는 크고 작은 모든 일은 일등항해사와 일등기관사가 계획하고 서류로 작성해, 아침에 선장과 기관장이 참여하는 일일 회의 때 논의한다. 그때 작업에 참여할 인원을 정하고, 그 인원들을 정할 때는 경력, 작업의 위험도, 작업의 특성들을 고려한다. 해당 인원은 참여하는 작업의 위험 요소, 특징, 고려 사항 등을 논의하고서 작업 허가서에 사인 후 작업에 임할 수 있었다. 내 녹청 작업은 이 일등항해사가 판단하기에 '열정 넘치는 이등항해사의 손 보탬'이 아니라, '통제에서 벗어나 제멋대로인 독단'이었던 것이다.

일등항해사는 내게 앞으로 갑판 작업에는 얼씬도 하지 말라며 스코틀랜드 특유의 억양으로 으름장을 놓았다. 지금도 때때로 못 알아듣는 스코틀랜드 억양이 그 순간에는 얼마나 귀에 쏙쏙 박혔는지 모른다.

지옥 같은 나날이었다. 자존감은 바닥을 쳤고, 추천서를 받을 수 없을 거란 불안감이 나를 옥죄어왔다. 하지만 진급이 최우선 목표이던 내가 할 수 있는 건, 눈앞의 부당함에 맞서 싸우기보다는 당장 억지로 웃으며 미안하다고, 다음부터 더 잘해보겠다고 눈치 보는 것뿐이었다.

나는 내가 불의에 맞서기를 주저하지 않는 사람인 줄 알았다. 하지만 그때 알았다. 내가 매번 불의에 맞설 수 있었던 이유는, 내가 잃을 게 없었기 때문이었음을. 진급을 위해 세 번 연속으로 추천서를 받아야 하는 내게, 상급자와 맞설 용기는 없었다.

줄어드는 용기, 작아지는 마음

나는 직속 상사라 할 수 있는 일등항해사와 선장에게 '찍힌' 상황이었다. 이 배 어디에도 내 편이 없는 느낌이었다. 나는 당직을 수행하는 한낱 이등항해사에 불과했다. 문을 닫고 방에 들어와 방문을 잠갔다. 뜨거운 물로 샤워하고 지친 몸을 침대에 뉘었다. 그러자 나도 모르게 눈물이 샘솟았다. 샘솟은 눈물은 이내 억누를 수 없는 폭포가 되었다. 나이 서른이 넘어서 그렇게 서럽게 울 수 있을 줄은 나도 몰랐다.

얼마나 지났을까, 눈물을 그치자 외로움이 밀물처럼 몰아쳤다. 바다도 배도 그대로인데, 나 홀로 외딴곳에 온 것만 같았다. 끝이 보이지 않는 망망대해에서 조그만 통나무 위에 올라탄 채로 표류하는 기분이었다.

바다 짠내가 내 옷에 베인 지 7년이 지났는데도, 이 배는 유독 낯설었다. 그럼에도 나는 마음을 다잡으려 되뇌고 되뇌었다. '아무것도 아니야, 할 수 있을 거야.' 그렇게 하루하루 내 할 일을 묵묵히 해나가려 했다.

 그러던 어느 날, 이상한 일이 있었다. 나는 저녁 당직을 끝내고 선교에서 내 방으로 내려가는 중이었다. 계단을 내려가는데, 계단 밑에서 누군가의 발소리가 들렸다. 내 방은 한 층 더 밑이었다. 당연히 내려가야 하는데, 내 몸은 마음과 다르게 움직였다. 나는 윗층 복도로 방향을 틀고 서둘러 몸을 숨겼다. 봐서는 안 될 걸 본 것처럼, 심장이 쿵쾅쿵쾅 뛰어 내 머리까지 울렸다. 그 발소리가 선장님인지, 항해사인지, 부원인지, 누구의 것인지도 몰랐다. 내 몸은 절로 그 소리를 피해 달아나기에 바빴다.

 그다음 날도 그랬다. 누군가와 마주해 간단한 인사를 나누기도 어려웠다. 선원끼리 일과 후에 함께 맥주를 한잔하거나, 식사 자리에서 왁자지껄 이야기를 나눌 때도 나는 점차 움츠러들었다. 술자리는 고사하고 식사 자리에서 입을 떼기도 어려워졌다. 하루 8시간 선교 당직 때 외에는 방안에서 16시간을 갇혀 있었다. 마치 누군가를 피해야만 하는 것처럼.

 "거봐! 이등항해사로 갈 때부터 알아봤어, 잘못된 선택이었지."

 "쉬운 게 아니라니까, 한국에 있는 게 더 나았겠지."

 "실력이 돼야 가는 거지, 아무나 가는 곳이 아니야."

"지금이라도 한국으로 돌아가야겠지? 아참, 너를 다시 받아 주긴 할까?"

침대에 누워 있다고 괜찮아지는 게 아니었다. 꿈에서도 수많은 사람이 나에게 삿대질을 해댔다. 도저히 상태가 이상해 인터넷 검색을 해보고야 뒤늦게 알게 됐다. 의심의 여지가 없는 대인기피증이었다. 선장님과 일등항해사의 압박과 멸시, 그리고 이 회사에서 살아남을 수는 있을까 하는 불안, 이에 따른 불투명한 내 미래가 두렵고 무서웠다. 대인기피증이란 걸 안다고 해결되는 건 아무것도 없었다. 이대로 간다면 내 개인송출은 실패로 끝날 게 자명했다.

두고 봐라, 내가 해내고 만다

사주장이 나를 보고는 아무 말 없이 래핑 된 음식을 건넸다. 다 식은 파스타와 미트볼, 브로컬리 위의 투명한 랩에는 2/O, 이등항해사를 의미하는 약어가 큼지막이 쓰여 있었다. 제시간에 식사하지 못한 이들에게 주는, 일종의 도시락이었다. 부리나케 플레이트를 들고 방으로 도망쳐왔다.

조그만 선실 안의 책상에 앉아 차갑게 식은 밀가루와 고깃덩어리들을 우걱우걱 씹었다. 또 눈물이 멈추질 않았다. 나에게 무슨 문제가 있는 걸까? 내가 뭘 잘못하고 있는 걸까?

바다같이 넓은 줄 알았던 나의 마음은 어느새 바늘도 꽂지 못할 만큼 쪼그라들어 있었다. 호기롭게 다시 진급하면 된다고 이등항해사로 도전했던 과거의 내가 원망스러웠다. 칼을 빼 들었으면 무라도 베라던 말이 있던가. 하지만 나는 이미 사방이 바다라 도망칠 곳 없는 배 위에서 이러지도 저러지도 못한 채, 지옥 같은 하루하루를 억지로 살아가고 있었다.

그렇게 한 달 정도를 대인기피증에 걸려 최소한의 역할 말고는 아무것도 못 했다. 한계치에 달한 우울과, 바다에 고립되어 혼자라는 불안이 파도와 너울처럼 나를 마구 밀쳐댔다.

또 방에서 차갑게 식어버린 밀가루 덩어리들을 우걱우걱 씹어대던 어느 날, 급하게 먹은 탓일까, 소화도 잘되지 않아 급체하고 말았다. 변비는 이미 심해졌고, 깨끗하던 얼굴에는 사춘기 때처럼 여드름이 올라왔다.

"우에엑… 우어억…!"

화장실 변기를 잡고 억지로 밀어 넣은 음식물을 모두 게우자, 거울에 비친 내 얼굴이 눈에 들어왔다. 초췌한 얼굴은 경직되어 있었고, 생기가 없었다. 무엇이 나를 이렇게 만들었을까.

긴 한숨을 푹 쉬며 침대에 앉아 느린 인터넷으로 카카오톡 메시지를 수신했다. 며칠 만에 연결한 통신망을 타고 수십 개의 카톡이 일시에 밀려 쏟아졌다. 시답잖은 농담을 하는 동기들 카톡방과 여러 광고 메시지를 하나씩 지워나가던 도중 여자친구의 메시지에서 손가락이 멈췄다.

당신이 어느 자리에 있든 난 언제까지나 당신을 사랑하고 응원해.

여러 응원의 메시지 마지막에는 이런 문구가 쓰여 있었다. 이 배에 승선하기 직전, 그녀가 해준 말이 문자로 고스란히 쓰여 있었다. 눈물이 또 줄줄 흐르기 시작했다. 나를 이렇게나 응원하는 사람이 있는데 나는 바보같이 울고만 있었다. 얼마나 지났을까. 눈물이 그칠 때쯤, 내 마음의 우울은 분노로, 그리고 다시 용기로 바뀌었다. 나는 이렇게 다시 결의를 다졌다.

"그래 이놈들아…! 두고 봐라, 내가 해내고 만다!"

나도
그렇게 컸어

대인기피증이 걸리고서 몸무게가 한 달 만에 5킬로그램 가까이 빠졌다. 또 온갖 스트레스 때문에 피부는 트러블과 여드름으로 뒤덮였다. 하지만 나는 포기하지 않았다. 뽑은 칼로 물이라도 베겠다는 마음을 다시 다졌다. 일등항해사가 일을 주지 않으면 시간을 다른 방식으로 활용했다.

회사의 매뉴얼을 읽고, 도면을 찾아보고, 회사에서 선원들 교육용으로 제공한 CBT Computer Based Training, 시각교육자료 등을 공부하며 내 실력을 키웠다. 핸드폰으로는 당직이나 미팅 때 다른 사람들이 사용하는 영어를 녹음했고, 방에 들어가 쉬는 시간이나 자기 전에 반복하며 들었다.

승선 2개월이 접어들 무렵, 나는 회사에 장기승선희망서를 제출하였다. 장기승선희망서란 말 그대로 계약 기간 이상 승선하고 싶을 때 회사에 제출하는 서류였다.

"Lee, 너 정말 괜찮겠어?"

나를 싫어하는 크로아티아 선장님은 이상한 눈초리로 나를 보며 물었다. 걱정된다기보다 여전히 못 미더운 눈치였다.

"네, 중요한 집안 사정이 생겨서요. 조금 더 승선하다가 휴가를 늦게 가야 시기가 맞을 것 같습니다."

당연히 변명이었다. 내가 장기승선희망서를 제출한 이유는 이 선장님에게 추천서를 못 받을 확률이 높았기 때문이었다. 이번에 추천서를 못 받는다면 진급에 문제가 생길 테니, 조금 더 승선해서 다음 선장님에게 추천서를 받겠다는 심산이었다.

"몇 개월 더 타고 싶은데?"

"3개월이요."

"뭐? 3개월이나 더?"

그래봤자 다해서 5개월 승선이었다. 한국 선사에서 6개월, 아니 1년 승선도 거뜬히 한 나로서는 전혀 문제 될 게 없었다. 다만, 회사에서는 직원의 장기 승선을 좋아할 것 같지만 꼭 그렇지도 않다. 나 말고 승선을 기다리고 있는 선원이 있다면 내가 내려 자리를 비워야 했다. 그래도 다행히 별 탈 없이 장기 승선이 허가되었다.

나도 그렇게 컸어

그렇게 얼마 지나지 않아 나를 싫어하던 크로아티아 선장님과 일감을 주지 않던 영국 일등항해사 모두 이 배에서 내리고, 새로운 사람들이 왔다. 새로운 선장님은 우크라이나인, 일등항해사는 폴란드인이었다.

"어이 친구, 진급 준비한다며?"

엘리베이터에서 우연히 마주친 폴란드 일등항해사 파월은 내게 인사할 틈도 주지 않고 말을 걸어왔다.

"아… 네, 맞습니다."

"그럼 이제부터 네가 일항사 일 다 하는 거야, 알겠어?"

"…?"

"이번 하역부터 네가 다 하는 거다? 하역 계획부터 다 짜서 와."

갑작스러운 말에 벙쪘지만, 더 당황스러운 건 오늘 처음 본 이등항해사에게 모든 걸 맡기겠다며 하역 계획부터 짜오라는 일등항해사의 태도였다. 나를 그 정도로 믿는다고? 오늘 처음 봤는데…?

"따르르릉!"

다음날 이른 새벽 6시, 항해 당직을 수행하고 있는 나는 선교에서 전화 한 통을 받았다.

"네, 선교 이등항해사입니다."

"Lee, 아침 먹고 8시 30분까지 내 사무실로 내려와."

"네, 일항사님. 알겠습니다."

아침을 서둘러 먹고 하역제어실로 갔다. 일등항해사 파월은 깨끗한 작업복을 입고 컴퓨터 앞에 앉아 있었다.

"자, 로딩 플랜Loading plan에서 토핑 오프 테이블Topping off table 만들어봐."

"지금요?"

"지금."

갑작스러운 테스트에 당황했지만, 나는 곧 일등항해사 시절의 기억을 더듬었다. 로딩 플랜은 하역 계획이고, 토핑 오프는 하역 시 중요한 작업 중 하나이다. 구체적으로는 수십만 톤의 액체화물을 선박 복원성에 맞게 화물 탱크를 거의 다 채운 후, 최종적으로 남은 공간을 아주 천천히, 또 조심스럽게 채우는 작업을 뜻한다. 잘못하다간 탱크에 LNG가 넘칠 수도 있어 위험한 작업이기도 하다.

토핑 오프 때는 탱크의 크기, 남은 작업의 속도, 파이프의 크기, 육상의 펌프 용량 등을 고려해서 액체화물의 시간당 속력을 조절하고, 탱크의 밸브 개도와 잠그는 순서 등을 정해야 한다. 보통은 엑셀의 계산식을 이용하고, 토핑 오프 테이블은 이 구체적인 과정을 담은 표이며, 토핑 오프 테이블을 포함한 로딩 플랜 작성은 일등항해사의 일이다.

"컴퓨터 좀 쓸 수 있을까요?"

"컴퓨터? 손으로 계산해. 그래야 원리를 이해하지."

나이가 마흔쯤이던 고참 일등항해사 파월은 열여덟의 나이에 연안선 갑판수로 승선을 시작했다고 했다. '실력이 최우선'이라는 좌우명의 일등항해사는 엄격했지만, 그만큼 실력으로도 정평이 나 있었다.

그날 이후로 아침 8시에 당직이 끝나면 나는 아침 식사를 하고 파월에게 들렸다.

"일항사님, 오늘은 뭐 도와드릴 거 없나요?"

"좋은 아침이에요, 일항사님. 오늘도 제가 배울 작업이 있을까요?"

며칠을 그런 식으로 파월에게 눈에 띄니, 날 유심히 보던 파월은 나를 점점 하드 트레이닝 시켰다. 하역 작업, 평형수 작업, 작업계획, 미팅, 항해까지. 그는 일항사의 모든 일을 나에게 시키고, 그에 맞는 코칭도 해줬다.

그로부터 두 달간, 파월 덕분에 나는 일항사의 모든 일을 실제로 해봤고, 또 해냈다. 진급에 필요했던 일항사 역량 체크리스트도 모두 클리어했다.

어느 하루에 배 안의 펍에서 파월과 둘이서 앉아 맥주를 마시고 있었다. 벨기에 입항 때 실었던 맥주였다.

"일항사님, 근데 나를 이렇게 가르쳐주는 이유가 뭐예요?

다른 일항사님들은 잘 안 알려주던데."

 내 진지한 질문에 파월은 잠시간 차분하게 나를 쳐다봤다.

 "뭐… 네가 믿을만한 사람 같았거든."

 지구 반대편에서 전혀 다른 방식으로 긴 세월을 살아온 동료에게 '믿을만하다'라는 칭찬을 받는 그 기분은, 참 묘했다.

 "그리고 나도 지금까지 바다에서 그렇게 컸거든. 누구나 다 그렇게 커. 다른 사람의 도움으로."

 내가 믿을 만하다고 말해준 파월은 형처럼 나를 이끌어줬고, 그와 함께 근무한 3개월 동안 정말 여러가지 일등항해사의 업무들을 배울 수 있었다. 나는 그렇게 무사히 하선하게 됐고, 가장 걱정거리이던 추천서 역시 받을 수 있었다. 물론 그 추천서는 일등항해사 파월이 선장님께 보낸 내 실습 내역과 세부 고과 덕분이었다.

아직 잡을 준비가 되지 않았던 행운

 "Lee, 그리울 거야. 그리고 넌 잘할 거니까 너무 걱정하지 마. 연락하며 지내자고."

 "네, 일항사님. 그동안 정말 고마웠어요."

 5개월의 승선으로 회사와의 두 번째 계약이 끝났고, 나는 4개월의 휴가를 받았다. 비록 5개월 동안 약 5킬로그램의 감량과 수십 개의 여드름을 얻게 되었지만, 나는 많이 성장해 있었다. 회사에 입사한 지도 어느덧 1년이 넘은 시점이었다.

한국에 도착해 5개월간의 긴 여정을 안주 삼아 가족들과 회포를 풀었다. 모두 내 몰골을 보고 안쓰러워했고, 충분히 그럴 만했다.

"이제 우리 아들, 곧 일항사 다시 되는 거야?"

"그건 아니지만… 너무 서두르지 않으려고요. 열심히 하다 보면 기회가 오겠죠."

그렇게 휴가가 끝나가던 봄, 벚꽃이 필 즈음이었다. 회사에서 예정에 없던 전화 한 통이 왔다.

"여보세요?"

"네, 이동현 이등항해사님이시죠? 글라스고 본사의 인사 담당자입니다."

"네, 맞아요. 무슨 일이시죠?"

"지금 저희 선박 한 척에 갑작스럽게 인사 문제가 생겨서… 혹시 다음 주쯤에 일등항해사로 승선할 수 있을까요?"

갑자기 찾아온 행운, 아니 천운이었다. 원래는 배를 한 번 더 타고 추천서를 받아야 진급 요건이 충족되는데, 나는 그 전 회사에서의 일항사 경력이 있어 예외적으로 하는 제안이라 했다.

"다만, 기술 면접에 통과해야 합니다. 면접은 내일 바로 괜찮을까요?"

진급 절차 중 회사 담당자와 일항사 직무에 대한 화상 면접이 있는 건 알았는데, 당장 내일이라니…. 진급 면접은 처음이었고, 일항사 진급 준비도 예상하지 못했었기에 꽤 당황스러웠다. 하지만 어떻게 온 기회인가. 내게는 거절할 수 없는 제안이었다.

"네, 가능합니다. 내일 링크 보내주시면 됩니다."

나는 그날 밤을 새우며 예상 질문지를 만들고 면접을 대비했다. 한국에서는 진급할 때 면접이 딱히 있지 않을뿐더러, 영어로 해본 적은 더욱 없어 막막했지만 어쩔 수 없었다. 내가 할 수 있는 최선의 준비를 했다.

면접 당일, 나는 게슴츠레한 눈으로 한 시간 정도 낮잠을 자고 깔끔한 제복을 입은 채로 컴퓨터 앞에 앉았다. 커피만 연거푸 몇 잔을 마신 후였다.

내 면접 담당자는 인도 선장 출신으로, 글라스고 본사에서 총선단장으로만 5년이나 일한 분이셨다. 한 시간 반 정도 걸렸던 시간이 어떻게 지나갔을지도 모를 만큼 긴장한 채로 면접이 진행됐다. 면접을 마치고 두 시간 정도 지났을까…. 초조히 결과를 기다리고 있던 내 메일함에 알림이 왔다.

이등항해사 이동현 진급 면접 결과: 진급 실패

진급 면접 결과에는 내가 진급 기준에 만족하지 못한 질문 문항들이 빼곡히 적혀있었고, 진급을 위한 추천 프로그램도 적혀 있었다. 일등항해사의 실무에는 충분히 익숙해졌지만, 면접에서 그것을 풀어 설명하는 것은 또 전혀 다른 문제였다. 예기치 않은 기회였고, 준비가 모자랐음을 나 또한 알고 있었지만, 이렇게 허무하고 허탈할 줄은 몰랐다.

 면접 이후, 휴가가 거의 끝났었기에 바로 다음 배에 배정되었다. 이번엔 중국에서의 승선이었다. 승선 당일 호텔 로비에서 배에 같이 승선하는 동료 선원들과 만나 인사를 나누었다. 나를 포함 총 여섯 명이 승선했는데, 그 중 아일랜드 일등항해사 스티븐과 대화를 나누게 되었다.
 "난 이직하고 이 회사에서 타는 첫 배야. 원래 다른 배로 배정됐는데, 지금 타는 배의 일항사가 갑자기 승선을 못 하게 됐나 봐. 그래서 어제 갑자기 연락을 받고 타러 왔어."
 "그래요? 무슨 일이 있었대요?"
 "응, 사실 그 사람이 이항사였는데 진급 면접을 통과 못 했대. 그래서 내가 갑자기 이 배로 오게 된 거지."
 "…!"
 이때의 그 복잡미묘한 감정이란! 나는 어쩌면 일항사로 승선할 수 있던 배에, 이등항해사로 승선하게 된 것이었다.

진급 면접에서 나누는 이야기들

진급 면접은 상급 사관 진급 시에 치러진다. 일등항해사와 선장으로 진급할 때만 진급 면접을 보고, 삼등항해사에서 이등항해사로 진급할 때는 따로 면접을 보지 않는다. 진급 면접에 소요되는 시간으로는 선장 진급 면접 시 4시간 내외, 일등항해사 진급 면접 시 2시간 내외이다. 면접 분야는 화물관리, 인사관리, 안전관리, 국제법, 운영 및 차터링 등이 있다.

면접관은 사내 선장 출신 두 명으로 구성된다. 질문은 구체적으로 LNG 화물관리에 대한 지식, 트러블슈팅, 입거 전후 절차, 비상상황 대응절차, 선내 작업별 절차 및 주의사항, 선내 사고 시 보고 방법 및 절차 등으로 이뤄지는데, 면접 시 이 모든 질문에 적절히 대답해야 한다.

선장 진급 시에는 특히 항해술을 중점적으로 검증하기 위해 3일간의 시뮬레이터 평가가 추가된다. 시뮬레이터 평가의 구체적인 항목은 항해술, BRM, 비상대응, 리더십 등이다. 이 시험은 단순히 조종 기술뿐 아니라, 리더십·위기대응·팀워크를 종합적으로 평가한다. 사내 선장 출신 한 명과 외부 선장 출신 한 명이 평가자로 참여하며, 전 과정은 영상과 음성으로 기록되어 사후 검토에 활용된다.

우리 회사의 시뮬레이터 시험은 본사 트레이닝센터의 브리지 시뮬레이터에서 치러진다. 응시자는 제시되는 시나리오에 따라 선박을 운항하며, 선박 교통량이 많은 해역에서 약 3~4시간씩 항해 조종을 수행한다. 실제 항해 시 발생할 수 있는 복합적인 비상상황이 주어지며, 평가자는 각 상황에 대한 판단, 조치, 교신 능력을 평가받는다.

내가 선장 진급 당시 받았던 시나리오는 영국 도버 해협 통과 항해였다. 좁은 해역에서 교통량이 매우 많았고, 항해 중 안개와 악천후가 발생했으며, 화재 및 가스누출 경보, 엔진 정지, 조타기 불능 등 다양한 비상 상황이 동시에 주어졌다.

위기가 곧
기회라는 말

 해외 선사에 입사한 이후, 드디어 세 번째 승선이었다. 업무는 제법 익숙해졌고, 회사의 규정도 몸에 충분히 배어 있었다. 나는 그동안의 승선 경험과 끈기를 바탕으로, 자평하기에도 꽤 괜찮은 이등항해사가 되어 있었다.

 그 사이에 휴가 때마다 선장님, 일등항해사님들이 해준 피드백은 하나도 빠뜨리지 않고 실천에 옮겼다. 영어회화 학원에 다녔고, 짧은 두 달 휴가 때도 영국행 비행기를 타고 가 회사의 교육 프로그램을 들었다. 이수에 보통 3~4년은 걸린다는 사내 교육 프로그램들을 1년 만에 모두 이수했다. 이번 배에서 추천서만 받으면 일등항해사 진급을 위한 모든 요건이 충족되는 상황이었다. 매우 중요한 동시에 거칠 것 없던 시기였다.

그렇게 세 번째 배에 오른 지 한 달쯤 되었을 무렵, 인도양 정중앙을 지나 중동으로 향하던 때에 선내 방송이 울려 퍼졌다. 오후 2시경, 태양이 중천에 올라 유난히 더운 시간이었다.

"전 선원 주지할 것. 모든 선원 예외 없이 15시에 선교로 집합할 것. 이상."

"뭐지? 오늘 무슨 일 있나?"

"아침 미팅 때 아무 말 없었는데…."

무슨 상황인지 제대로 파악도 하지 못한 채로 선원들이 하나하나 선교로 모였다. 갑판과 기관실에서 바로 올라오느라 작업복 차림인 선원도 많았다. 선원들이 모두 모이자, 선장님이 올라오셨다. 이번 선장님은 폴란드 출신으로 선장 경력만 20년에 달하는 베테랑 중의 베테랑이었다. 아주 유연하고도 부드러운 카리스마를 지닌 분이었는데, 산타클로스를 처음 그릴 때 이분을 모델로 삼은 건 아닐까 싶을 정도로 인자한 인상과 풍채를 지니고 계셨다.

바다 위의 감옥이 된 코로나

선장님은 A4 용지를 한 장 들고 오셔서 모두에게 보여주며, 낮고 차분한 목소리로 말씀을 시작하셨다.

"다들 코로나가 유행이라는 건 알고 있을 겁니다. 그리고… 우리 배의 스케줄 상 향후 3개월간 선원 교대가 어려울 수 있다는 연락이 왔습니다."

선원들 사이에서 웅성이는 소리가 퍼졌다. 3개월간 교대 불가란 말은 예정된 하선 시점에 하선하지 못한다는 뜻이었다. 3개월의 계약기간이 임박한 선원은 3개월을 더해 총 6개월을, 6개월의 계약기간이 임박한 선원은 3개월을 더해 무려 9개월을 배에 묶여 있어야 했다.

그중에서도 스티븐은 유달리 걱정스러워 보였다. 나와 함께 두 달 전 승선한 그는 아일랜드 출신의 일등항해사였는데, 집에 중요한 일이 있어 반드시 하선해야 한다며 회사와 계속 연락을 시도했다. 그러나 코로나라는 범세계적 재난 앞에서는 그 간절함도 예외일 수 없었다.

"일항사님, 어떡하죠? 이번에 꼭 가셔야 한다면서요."

"그러게 말이야… 그런데 너는 괜찮아? 우리 둘 다 교대가 안 되면 5개월 이상 배에 있는 건데."

"전 괜찮아요. 예전 회사에서는 1년씩도 탔어요. 5개월 정도는 그때 생각하면 식은 죽 먹기죠."

스티븐은 강한 책임감과 유연한 리더십으로 갑판부를 이끈 일등항해사였다. 그런 동시에 나에게도 많은 가르침과 실전 경험, 그리고 새로운 기회를 준 은인이었다. 하지만 상황이 이렇게 되자 항상 미소 짓던 그의 얼굴에도 그림자가 들기 시작했다.

그러던 중 희소식이 들려왔다. 다음 입항지에서 스티븐과 교대할 인도 출신의 일등항해사가 배정되었다는 내용이었다. 스티븐은 어린아이처럼 환하게 웃으며 기뻐했다. 두 딸을 둔 그는 이번 교대를 목 놓아 기다리고 있었다. 하지만 그런 그의 희망을 비웃기라도 하듯, 상황은 바로 다음 날 또 바뀌어 있었다.

"일항사… 방금 회사에서 연락이 왔어요. 교대 예정이던 일등항해사가 코로나 양성 판정을 받았다고 합니다…."

스티븐이 얼마나 간절한지 알았던 선장님은 굉장히 안타까워하며 비보를 전했다. 하지만 코로나 시기는 육지에서나 물에서나 그 어떤 것도 쉽게 예측할 수 없었다. 코로나 검사 결과로 하선이 취소되는가 하면, 국가별로 코로나 감염자가 급격하게 늘어날 때면 해당 국적의 선원이 있다는 이유만으로 선원 교대를 허용하지 않는 나라도 있었다.

위기에 스며든 기회

예상치 못한 소식에 스티븐은 졸지에 하선을 포기해야 하는 상황에 놓였다. 그때, 내 머릿속에 벼락처럼 묘수가 내리쳤다. 이 이야기를 지금 입 밖으로 내는 게 맞는가 하는 의구심도 잠깐 스쳤지만, 이미 이판사판이었다.

"일항사님…! 혹시 제가 일항사님과 교대할 수 있을까요?"

"응? 그게 무슨 말이야?"

스티븐이 갑자기 무슨 말이냐는 표정으로 내게 되물었다.

"사실 저 이전 회사에서 일등항해사 경력도 있고요. 이번에 추천서를 받으면 진급 요건도 모두 충족해요."

"뭐라고? 정말이야? 그런 중요한 얘길 왜 이제야 해! 아니, 잠깐만…!"

스티븐이 문뜩 뭔가 알 듯 말 듯한 표정을 지었다.

"동현… 너? 설마?!"

나는 대답 대신 씨익 미소만 지었다. 민망한 마음에 여태 스티븐에게 밝히지 않았지만, 이제 스티븐도 알게 된 것이다. 내가 진급 면접만 잘 봤다면 자기 대신 이 배에 일등항해사로 왔을, 그 이등항해사였다는 사실을. 그리고 이제 그는 나보다 내 진급에 더욱 진심인 상사가 되었다.

그는 곧장 선장실로 올라가 나의 진급 요건 충족을 전했다. 이 이야기에 선장님도 놀라시기는 마찬가지였다. 내가 교대에 투입된다는 것은 '본선 진급'이란 의미였고, 이는 새로운 계약으로 3개월을 더 승선해야 한다는 뜻이었다. 내가 연이어 6개월이나 배에 남을 거라는 기대는 아무도 하지 않았다. 내 승선 시기를 봤을 때, 선장님은 나 역시 스티븐과 함께 하선할 거라 예상한 것이다. 하지만 내게 6개월 승선이 뭐 그리 대수이랴. 승진만 할 수 있다면 오히려 좋았다.

우리는 일항사 교대 작전을 수립해 회사에 전달했고, 곧 회사에서 회신이 왔다. 규정상 진급을 위해 추천서 한 장이 더 필요하며, 추천서 수신 이후 화상 면접을 진행할 것이라는 내용이었다.

선장님의 추천서는 금세 해결되었고, 면접은 선내 화상 회의실에서 진행되었다. 당시에는 지금의 스타링크처럼 저궤도 위성 인터넷이 아닌, 3G 수준의 느린 위성 통신망이 전부였다. 음성 통신만 해도 2~3초 지연이 있었고, 화상 연결은 더 열악했다. 날씨라도 흐리면 인터넷 연결 자체가 끊기던 시절이었다.

나는 깔끔한 제복을 차려입고 회의실 노트북 앞에 앉았다. 전 선내 인터넷을 차단한 채, 내 면접용 노트북의 인터넷 회선만 연결한 상태였다. 최선의 환경에서 면접을 보라는 선장님의 배려였다.

하지만 또 한 번 위기가 닥쳤다. 화상 면접 5분 전, 갑자기 인터넷이 끊긴 것이다. 위성 안테나가 선박의 연돌에 가려져 신호 사각지대에 들어갔다. 다른 위성을 잡아보려 했지만, 항해 중이던 해역에는 대체 위성이 없었다.

"선장님, 지금 인터넷이 끊겼습니다. 면접 5분 전인데요."
"그래요? 걱정 말고 조금만 기다려보세요."

선장님은 직접 선교로 올라가 항로를 확인한 뒤, 약 한 시간 정도 배의 방향을 트는 이로 Deviation를 결정하셨다. 약

5분 후, 신호가 다시 잡히기 시작했다. 이등항해사의 진급 면접을 위해 선박의 선수를 틀어주신 것이다.

"선장님! 인터넷 연결됩니다!"

"그래요, 면접 잘 보고 오세요."

이런 우여곡절을 모두 이겨내고서 기어코 맞이한 면접 시간은 오후 4시 정각이었다. 면접관은 영국 선장 출신 총선단장님 한 분, 인도 선장님 한 분이었다. 각각 항해 파트와 화물 파트를 맡아 면접을 진행할 것으로 보였다. 국제충돌 예방규칙, 조선법, 비상시 대처방안, 화물 하역 및 비상절차, 선내 작업 및 기기수리 절차 등 부선장 격인 일등항해사의 책임과 역할 대한 질문이 이어졌다.

평이한 질문들 사이에 때때로 심도 있는 질문이 비수처럼 날아왔다. 나는 애써 침착함을 유지하며 어떻게든 제대로 된 답을 해내려 했다. 이때 정말 도움이 된 것이 바로 3개월 전, 실패했던 면접 경험이었다. 그때의 경험이 이번 면접의 거름이 되어, 날카로운 질문들에 크게 버벅거리지 않고 답할 수 있었다.

"마지막으로 하고 싶은 말 있어요?"

면접을 시작한 지 한 시간 반이 지나, 면접관은 오늘의 면접을 최종적으로 갈무리하듯 물었고, 나는 잠시 숨을 고르고서 짧게 답했다.

"당락과 무관하게, 좋은 기회를 주셔서 감사합니다."

진심이었다. 겨우 세 달 만에 일등항해사 진급 면접을 두 번이나 볼 기회는 쉽게 주어지는 것이 아니니까. 면접이 끝나자 온몸에 힘이 빠졌다. 지난 1년 반 동안 쏟아부은 시간과 노력이 주마등처럼 스쳐 지나갔다. 지난 시간을 곱씹어봐도 후회는 없었다. 최선을 다했고, 또 진급에 실패한다면 내 실력이 부족했다는 뜻이었다. 그런 동시에 난 내 통과를 직감했다. 왜인지 모르게 면접관의 마지막 질문, '마지막으로 하고 싶은 말'이 이등항해사로서 남길 마지막 말을 묻는 것처럼 들렸으니까.

일등항해사가 되다, 1년 반만의 승진

면접 결과는 한 시간 내에 선장님께 메일로 고지될 것이라 했다.

"동현! 어땠어?"

"아는 대로 다 대답했어요. 입거 작업 준비 단계에서 살짝 버벅거렸지만요."

스티븐은 내게 와 면접이 어땠는지 계속 물어댔다. 분위기는 어땠는지, 면접관들 스타일은 어땠는지… 어떻게 해서라도 진급 결과가 긍정적이라는 단서를 찾고 싶은 것 같았다. 정말로 나보다 내 진급에 진심이었다.

한 시간쯤 흘렀을까. 사관 식당에서 선원들과 저녁식사를 하던 중 선장님이 들어오셨다.

"이동현 일등항해사! 승진을 정말 축하해요."

스티븐의 사연을 비롯해 내 진급 면접은 이미 배 안 모두의 이슈였던지라, 식당에 있던 선원 모두 박수와 함성으로 나를 축하해줬다.

"와아~!"

"동현 축하해!"

"스티븐, 왜 네가 더 신났어?!"

"이동현 일등항해사님, 진급을 축하합니다!"

"스티븐, 이제 정말 집에 가겠네?!"

"이항사님 축하해요!"

스티븐은 이미 나를 끌어안고 방방 뛰느라 정신이 없었다. 나 또한 믿기지 않았다. 이 배를 타기 직전에 진급 실패의 쓴맛을 봤는데, 배에 승선한 채로 진급에 성공하다니. 사실 일등항해사였던 내 입장에서는 이제야 원점으로 돌아온 것뿐이었지만, 원점에 다시 선 것만으로도 어두운 터널을 빠져나온 것 같았다. 나는 식사를 마치고 곧바로 위성 전화실로 달려갔다.

"여보세요?"

"…."

"응? 오빠 무슨 일이야? 무슨 일 있어?"

벅찬 마음에 말이 바로 나오지 않았다. 잠시 숨을 가다듬을 시간이 필요했다.

"…나, 진급했어!"

"진짜? 어떻게? 아니, 너무 축하해! 정말 고생 많았어! 난 오빠가 해낼 줄 알았어."

내가 울먹이자 여자친구도 함께 울음을 터뜨렸다. 여자친구이기 이전에 항해사 출신이었던 그녀는 내 역경을 나만큼 잘 알았다. 그리고 그만큼 진심으로 나를 응원했다. 우리는 1분에 1,000원인 위성 전화를 30분이나 붙들고 이런저런 이야기를 나누었다.

2020년 6월, 나는 해외 선사의 어엿한 일등항해사가 되었다. 첫 한국인 이등항해사로 입사한 지 정확히 1년 2개월 만의 진급이었다. 회사에서야 수많은 진급자 중 하나에 불과했겠지만, 나에게는 한국인 항해사로 외국 무대에서 역량을 증명한 순간이었다. 그렇게 값진 경험 덕에, 코로나 시국은 내게 불행을 극복한 시기로 기억된다.

코로나 시기, 선원들의 속사정

2019년 말부터 유행하기 시작한 코로나는 급속도로 확산되며 전 세계를 강타했다. 세계 각국의 공항과 항구에 즉각적으로 영향을 끼쳤는데, 불과 몇 달 만에 강력한 입출국 제재가 시작된 것이다. 많은 나라에서 비행기와 선박을 통한 입국자 통제를 강화했고, 코로나 테스트 음성 확인서가 없으면 이동조차 불가능했다. 입국 후에도 재차 검사를 거쳐야만 했다.

그리고 무엇보다 안타까운 사실은, 대부분의 국가에서 선원들을 바이러스의 매개체로 간주했다는 점이다. 전 세계 물류의 80% 이상을 담당하는 '국제 쿠팡맨'이 일순간에 바다 건너의 병원균을 옮기는 '코로나 매개체'로 전락하고 만 것이다. 그래서 선원들은 팬데믹 동안 어쩔 수 없이 바다에 고립되어 있어야 했다.

그런 안타까움과는 별개로, 실제로 선박은 공동생활 공간이고, 배는 구조적으로 중앙 환기 시스템을 사용하는지라 코로나 감염자가 하나라도 발생하면 전 선원에게 전염될 위험이 큰 것은 사실이었다. 게다가 다양한 국가를 순회 입항하는 선박의 특성상, 감염에 더욱 노출되기 쉬웠다. 다시 말해 실제로 코로나 매개체로 간주할 요인은 충분했다는 점에서 어쩔 수 없단 것을 모두 머리로는 이해했지만, 코로나 매개체로 취급받으며 집에도 가지 못한 선원들의 심신이 마모되고 있는 것 또한 엄연한 사실이었다.

IV

해외 선사의
일등항해사가
되다

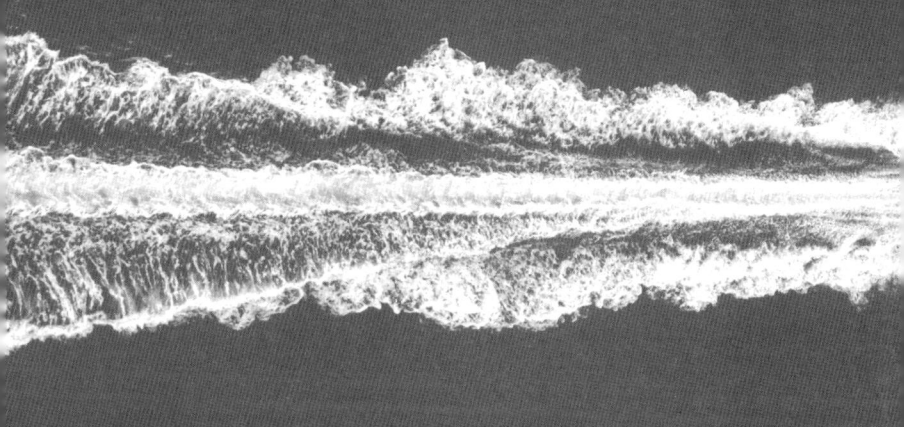

지중해에서 만난
돌고래 떼

"좋은 아침입니다, 일항사님! 오늘도 일찍이시네요!"
"좋은 아침이에요! 별일 없죠?"

아침 6시 30분, 기상 후 아침 커피를 내리러 화물제어실로 서둘러 향했다. 선박의 일과는 8시부터 시작되지만, 나는 다른 선원들보다 일찍 내려와 일과를 준비했다. 일등항해사는 선박 갑판부의 부서장으로 항해사와 갑판원을 관리감독하고 갑판의 모든 작업을 관장한다. 또 선장 유고 시 선장의 업무를 대행해야 하는 부선장이기도 하다.

누구에게나 처음은 있는 법이고, 일을 하며 당연히 실수할 때도 있다. 하지만 어떤 일에서는 사소한 실수가 끔찍한 결과를 초래하기도 하는데, 이런 일에서는 한 치의 실수도 용납되지 않는다. 일등항해사의 일에는 실수가 용납되지 않는다는 말이다.

일등항해사가 된 지 한 달이 채 되지 않아, '일등항해사'라는 호칭이 아직 어색한 나는 남들보다 더 많은 시간과 노력을 들여 미연의 실수를 방지하려 애썼다.

일등항해사의 구조정 훈련

아침 미팅 때는 그날 진행할 업무를 논의한다. 회의실에는 선장을 필두로 기관장, 일등항해사, 일등기관사, 화물기관사, 전기기사, 갑판장, 조기장 등 상급 사관 및 부원 대표들이 모인다. 선박의 안전과 선원들의 원만한 작업을 위하여 아침 일찍부터 회의하는 것이다.

선장님의 항해 브리핑으로 미팅이 시작된다. 우리 선박이 현재 어느 해역을 항해 중이고, 목적지까지 걸리는 시간, 요구 속력 등의 사항을 업데이트한다. 그 이후 오늘의 기상예보를 살핀 뒤 고소 작업, 열 작업, 밀폐구역 작업 등 수십 가지의 선내 작업 사항을 공유한다.

"일항사, 우리 구조정 훈련 언제쯤 해야 하지요?"

익수자, 다시 말해 물에 빠진 선원을 구하러 가는 구조정은 한 달에 한 번 실제로 바다에 띄워 직접 조종하는 훈련을 한다. 익수자 발생 시, 대형 선박을 돌려서 선원을 구하러 가기에는 현실적으로 어려운 점이 크기 때문이다. 그래서 조그만 구조정을 투입하는데, 보통 일등항해사를 필두로 서너 명의 선원이 함께 구조정에 탑승한다.

"한 달 정도 여유가 있습니다만, 지금 지중해 쪽 날씨가 좋다고 합니다. 이번 주에 하는 게 좋을 듯합니다."

"그래요? 그럼 작업 허가서 작성하고, 회사에 훈련 계획 보고할 수 있게 준비해주세요."

"네, 알겠습니다!"

선박에서는 다양한 훈련이 진행된다. 화재 대응 훈련, 퇴선 훈련, 해적 대응 훈련, 익수자 구조 훈련 등. 그 종류만 30여 가지를 훌쩍 넘는다. 이런 선상 훈련은 비상시를 대비하여 실전처럼 반복하는데, 훈련 도중 사고가 나기도 해 특별히 주의해야 한다.

특히 구조정 훈련처럼 실제로 선원들이 구조정에 타 바다로 나가는 훈련은 훈련 중 날씨가 안 좋아지거나, 기계 결함이 발생하면 선원들을 다시 회수할 때 난감한 상황을 겪기도 한다. 자칫 잘못해 구조정 엔진에 문제가 생기면 훈련원이 일순간에 조난자로 뒤바뀌기도 하고, 떠내려가는 7미터의 구조정을 300미터가 넘는 대형선이 뒤쫓아가야 하는, 웃지 못할 해프닝이 벌어지기도 한다. 물론 나도 이런 사실을 몸으로 겪으며 알고 싶지는 않았다.

날씨 좋은 날, 지중해 몰타 근처를 지나는 정오쯤에 구명정 훈련을 준비했다. 며칠 간의 훈련 준비와 시나리오 구상, 위험성 평가를 마친 후 훈련 당일 아침을 맞아, 선교 창문 너머로 날씨를 보던 선장님이 말씀하셨다.

"Lee, 오늘 12시에 배 세우고 구조정 훈련할 예정이니 준비하세요."

"네, 알겠습니다. 선원들에게 알리겠습니다."

"삼항사, 기관실에 전화해서 30분 후에 엔진 사용한다고 전하세요. 속력을 낮추도록 해요."

"네, 선장님. 알겠습니다!"

길이 300미터, 무게 10만 톤에 육박하는 초대형 액화가스 운반선의 엔진이 서서히 멎기 시작했다. 18노트로 전속 항해 중이던 선박은 어느새 4노트의 속력으로 줄어들었다. 파도를 갈라내며 질주하던 선수가 이내 숨을 고르듯 파도 아래로 조용히 몸을 숨겼다.

"훈련! 훈련! 훈련! 익수자 구조 훈련! 전 선원 배치부서로 이동."

시간이 되자 전 선내에 알람이 울리며 훈련방송이 나왔다. 선원들은 일제히 제 부서로 신속히 이동했다. 선원들의 얼굴에는 긴장감이 드리웠지만, 움직임은 어느 때보다 재빨랐다.

일등항해사인 내가 구조정 앞에 다다르자, 이미 갑판장과 타수가 구조정 진수를 준비하고 있었다.

"자, 구조정 팀 인원 점검하고, 각자 장비 확인한 뒤 보고하세요."

"일항사님. 구조정 팀 전원 배치 완료했고, 장비 이상 없습니다."

모든 준비가 일사천리로 완료되었고, 선장님께 보고하니 마지막 명령이 떨어졌다.

"일항사, 구조정 진수하세요."

"네, 알겠습니다. 구조정 진수!"

7미터의 빨간색 구조정이 유압 장치의 힘으로 300미터의 거대한 상선에서 떨어져 나왔다. 지중해의 에메랄드빛 바다를 가르며, 자그마한 구조정이 질주하기 시작했다.

영화보다 영화 같던 조우

구조정은 지중해의 푸른 물살을 헤치며 모선 주위를 맴돌았다. 익수자 구조 훈련인 만큼, 모형 익수자를 물에 띄워 놓고 건진 후 회수하는 훈련까지 이어졌다. 날씨는 좋았지만, 볕이 굉장히 뜨거웠다. 6인승의 자그마한 구조정 위에는 일등항해사인 나를 포함해 총 네 명의 선원이 타고 있었다. 30여 분의 훈련이 마무리되어 갈 때쯤, 선교에서 무전이 흘렀다.

"일항사님, 삼항사입니다. 우리 배 앞쪽에 돌고래 떼가 있는 것 같은데요?"

"네? 돌고래요? 한번 가볼게요."

회수 직전이던 우리는 돌고래 떼를 보기 위해 모선의 선수 쪽으로 향하며 다시 엔진 출력을 높였다.

선수 부근에 다다를 때쯤, 같이 있던 타수가 갑작스레 외쳤다.

"돌고래다!"

정선수 쪽에서 하얀 물보라가 일었고, 그 물보라는 가던 방향을 틀어 우리 쪽으로 향해왔다. 마치 우리 배에 놀아달라는 듯, 수십 마리의 돌고래 떼는 구조정을 에워싸며 빙글빙글 돌기 시작했다.

"와… 진짜 돌고래를 이렇게 보다니…!"

대양을 항해하며 돌고래 떼를 보는 일은 꽤 흔하다. 하지만 그 또한 해수면 위로 20~30미터쯤 되는 선교에서 망원경으로 보는 정도인데, 이렇게 구조정 훈련 때 눈앞에서 돌고래 떼를 보는 것은 나를 포함한 전 선원이 처음이었다. 손을 뻗으면 돌고래를 만질 수 있을 것만 같았다. 모선에 있던 선원들도 모두 나와 이 진귀한 광경을 지켜보고 있었다.

"일항사님, 우리 돌고래랑 경주 한번 해보죠!"

크로아티아 삼등기관사의 제안에 나는 뱃머리를 뒤쪽으로 돌려 엔진 출력을 높였다. 새빨간 구조정이 에메랄드빛의 지중해 바다를 가르며 질주하자, 돌고래 떼도 같이 놀자는 듯 우리 옆과 뒤에서 따라왔다. 구조정은 300미터를 질주했고, 돌고래 떼도 이 거리를 잘 따라왔다. 경주 막바지에는 돌고래 떼가 작별 인사를 하듯 등치기로 우리를 배웅했다.

   수십 마리의 돌고래 떼가 구조정 주위를 에워싸며 함께 헤엄치는 광경은 짧지 않은 내 항해 경력 속에서도 특별한 경험이었다. 돌고래 떼와 함께 경주할 때 구조정 운전을 맡은 나는 혹시나 구조정의 엔진이나 돌출부가 돌고래에게 닿을까 싶은 조마조마함이 있었는데, 이 조마조마함까지도 추억으로 남을 만큼.

   나뿐 아니라 구조정을 탔던 멤버를 포함해 전 선원들은 저녁까지 그 순간의 황홀을 잊지 못한 채 맥주 한 캔을 기울이며 한낮의 경주를 안주 삼아 한참을 떠들었다. 나중에 집에 돌아가서 아들에게 돌고래와 경주한 영상을 보여줄 거라던 필리핀 타수부터, 30년 승선 생활 중 처음 겪는 일이라며 신기해하던 포르투갈 선장님까지. 우리 모두에게 그날은 잊지 못할 추억이 되었다.

선박에서 시행하는 정기 훈련들

선박에서는 항해와 선원의 안전을 위해 다양한 정기 훈련을 시행한다.

화재 훈련: 화재 발생 시 초기 진압과 대피 절차를 연습한다. 가장 빈번히, 주기적으로 하는 훈련이기도 하다.
구조정 훈련: 익수자 발생이나 퇴선 상황에 대비하여 구조정을 실제로 진수하고 조종하는 과정을 익힌다.
비상 퇴선 훈련: 선박 전체 인원이 집합해 구명정이나 구명뗏목 탑승 절차를 반복 숙달한다.
해적 대응 훈련: 특정 해역을 통과할 때 모의 공격 상황을 설정해 방호 및 대피 행동을 익힌다.
해양오염 방제 훈련: 기름 유출 사고를 가정하여 흡착제, 오일펌프 등을 설치하는 절차를 연습한다.

이외에도 정말 많은 훈련이 있는데, 이 다양한 훈련은 바다 위에서 닥칠 수 있는 비상 상황에 당황하지 않고 실전처럼 대응하기 위한 목적을 지니며, 선박 운항에서 빼놓을 수 없는 중요한 비상 대응 숙지 절차이다.

진짜 선장 대행을
하게 될 줄이야

일등항해사로서 두 번째 승선 때의 일이다. 난 일본에서 승선하여 호주로 가는 LNG선에 몸을 싣고 있었다. 3개월의 계약이었지만, 운 좋게 전에 탔던 배에 다시 승선한지라 많은 것이 익숙했다. 이 배에서 만난 선장님은 폴란드 선장님으로, 선장만 20년 경력의 베테랑이셨다.

이 선장님은 모든 선원에게 진심 어린 태도를 보이고, 또 그만큼 정도 많은 분이셨다. 개인적으로도 무척 친했는데, 선장님이 한국을 굉장히 좋아하신 계신 덕도 있다. 집에서 한국산 김치도 사 먹으신다면서, 언제 한번 직접 김장해서 먹어보고 싶다고도 하실 정도였다. 또 업무적으로도 나의 진급 계획에 많은 도움을 주셨고, 선장의 일도 가르쳐줬으며, 또 실제로 해볼 수 있도록 지도해주시기까지 하셨다. 그런데 이토록 믿음직스러운 선장님에게마저 커다란 사고가 생길 줄이야 누가 알았겠는가.

한 통의 전화, 선장님의 부재

　일본에서 승선하여 출항한 지 일주일, 우리는 곧 호주 입항을 앞두고 있었다. 호주에서는 약 7만 톤의 액화가스를 선적하기로 예정되어 있어, 일등항해사인 나는 화물 선적 준비에 한창이었다. 입항 사흘 전, 오후 두 시쯤 됐을까. 선교 삼등항해사에게 갑작스러운 무전이 왔다.
　"일항사님, 선교 삼항사입니다."
　"삼항사, 말씀하세요."
　"에이전트한테 전화가 왔는데 일항사님과 통화하고 싶답니다."
　"?!"
　느낌이 좋지 않았다. 현지 에이전트는 보통 선장과 소통한다. 그런데 갑자기 일등항해사인 나와 통화하고 싶다니.
　"알았어요. 내가 곧 콜백한다고 해줘요."
　난 갑판 위에서 선교로 가는 발걸음을 재촉했다. 어제부터 선장님이 식사 시간에 보이지 않으신 게 불현듯 머릿속을 스쳤다.

"삼항사, 지금 타수 보내서 선장님 방에 가봐요. 선장님 상태 확인하고요."

불길한 예감은 왜 틀리지 않을까. 몇 분 후에 온 삼항사의 무전에 내 가슴이 철렁였다.

"일항사님, 선장님 방이 잠겨있습니다…!"

아뿔싸, 한창 일하는 낮 두 시에 문이 잠겨있다니. 뭔가 잘못된 게 확실했다. 땀에 전 작업복과 철제보호대가 박힌 안전화를 그대로 입고 신은 채로, 계단을 두세 칸씩 널뛰며 선장님 방으로 뛰어갔다. 선장실은 가장 꼭대기 층에 있는데, 그날따라 유독 더 멀게 느껴졌다. 마스터키로 선장님 방을 열고 들어가니, 술 냄새가 코를 찔렀다.

"아…! 선장님…! 선장님!"

사무실 옆에 처져있는 커튼을 지나가니 거실이 나왔고, 그곳에 선장님이 계셨다. 선장님은 소파에 거품을 물고 쓰러져 있었다.

"선장님 무슨 일이세요? 선장님 정신 차리세요!"

나는 다른 항해사들을 불러 선장님을 부축해 병원으로 옮긴 후, 에이전트와 회사에 전화로 상황을 알렸다. 그러자 에이전트에서는 또 청천벽력 같은 소식을 전해왔다.

"사정은 잘 이해했습니다만… 곧 호주 입항인데 입항 서류가 하나도 도착하지 않았습니다. 오늘 안에 입항 서류가 도착하지 않으면 입항에 차질이 생길 수 있습니다."

다정다감한 선장님의 사연

　입항 전에는 수속을 위해 선박 측에서 선원명부, 선박증서, 선원증서, 그리고 각종 신고서 등의 서류를 이메일로 보내야 한다. 이 업무는 선장님과 선장님을 보조하는 삼등항해사의 몫인데, 이 업무가 처리되지 않은 것이다. 이때 선장님이 의식을 되찾았다는 무전이 왔다. 입항 절차는 잠깐 뒤로 하고, 곧장 내려가 선장님의 사연을 들었다.
　공교롭게도 선장님이 승선해 있을 때, 선장님의 부인분께서 코로나에 걸리셨단다. 그 전부터 천식을 앓던 부인분의 건강 상태가 급속도로 악화돼 며칠 전 중환자실로 옮겨졌다는 소식을 듣고는, 선장님도 어쩔 줄을 몰라 했다고. 그리고 어제, 부인분의 생명이 위험할 수도 있다는 연락을 받고는 선장님의 마음도 무너져버렸다고 한다. 아무에게도 이 사실을 말하지 못하고 있다가, 외로움과 무력감에 수면제를 삼키셨다고. 물론 직무 유기였지만, 그토록 정이 많은 선장님이었으니 상황은 충분히 이해되고도 남았다. 코로나가 가장 횡행하던 2020년의 일이었다.
　나는 회사에 곧바로 연락하여 지금 상황을 알렸다. 회사에서는 당연히 난리가 났고, 나는 선장 대행으로서 생전 처음으로 회사의 사장님, 부사장님과 통화해 당면한 상황을 설명해야 했다.

다행히 회사에서는 지원을 아끼지 않았다. 먼저 입항하는 대로 선장님을 귀국시키라는 지시가 내려왔다. 하지만 문제는 입항부터였다. 환자실에 누워 계신 선장님은 입항을 지휘할 컨디션이 아니었으니 누군가 선박을 입항시켜야 했는데, 당혹스럽게도 지금 선장을 대행해야 할 이는 아직 일등항해사라는 호칭도 어색한 일등항해사, 바로 이동현이었다. 당시의 나는 조선도, 입항도 내 몫이었던 적이 없던, 이제 막 진급한 신참 일등항해사일 뿐이었다.

신참 일등항해사의 선장 대행

하지만 그냥 죽으라는 법은 없다던가. 우리 배가 입항하는 날엔 날씨도, 교통량도, 도선사도, 모든 게 이보다 더 좋을 수는 없었다. 바람 한 점 없고, 파도도 잔잔했다. 우리 배 외에는 입출항하는 배도 많지 않았다. 이런 경우는 정말로 흔치 않았다. 정말 하늘이 도왔다고 말할 수밖에야.

도선사 승선 지점에 도착하니 호주 도선사 두 명과 호주해사안전청AMSA, Australian Maritime Safety Authority의 직원이 함께 승선했다. 선박에 어떤 이유로 선장이 부재중인지 보고한 후, 도선사 두 명은 능숙하게 우리 배를 부두까지 안내하여 접안시켰다.

천운이 따라줘 나는 무사히 입항했고, 선장님은 배에서 떠날 채비를 하셨다. 에이전트의 도움을 받으며 선박에서 떠나는 선장님을 전 선원이 마중했다. 비록 선장님이 제 역할을 잠시 놓으셨지만, 선장님의 마음은 같은 선원으로서 백 번 공감할 수 있었다. 그래서 나는 선장님과 가족분들의 건강을 기원했다. 이런 마음은 비단 나뿐 아니라 우리 선원 모두 같은 마음이었을 것이다. 선장님은 모두의 배웅을 받으며 폴란드로 귀국하셨다.

6개월 후, 나는 문자 한 통과 사진 한 장을 수신했다.

"Lee! 난 와이프와 건강하게 잘 지내고 있어. 그때 나를 도와줘서 정말 고맙네. 나중에 폴란드에 오게 되면 꼭 연락해 주게."

사진에는 선장님 부부가 마당에서 와인잔을 들고 행복하게 웃고 있었다.

상사이자 친구,
캡틴 메튜

"이봐 친구, 오늘 좀 어때?"

화물제어실에서 서류를 정리하던 중에, 뒤에서 낯선 잉글랜드 억양이 들렸다. 본사가 스코틀랜드에 있어 스코틀랜드 영어를 쓰는 직원도 많긴 했지만, 멋들어진 영국식 영어를 구사하는 선장으로는 이 메튜 선장님이 처음이었다.

폴란드 선장님의 긴급 하선 후, 러시아 선장님이 새로 오셨다. 회사의 간절한 부탁과 약간…이라 하기엔 대단한 보너스 때문에 휴가 2주 만에 한 달의 승선을 수락했다고 하셨다. 그렇게 한 달이 지나 인도네시아에 입항한 우리 배에서는 러시아 선장님이 다시 하선했고, 새로운 선장님 두 분이 승선했다.

특이한 이력의 트레이닝 선장님

당연한 말이지만, 일반적으로 선장은 한 명이다. 하지만 예외적으로 선장이 둘인 경우도 있는데, 정식 선장에게 훈련을 받는 '트레이닝 선장'이 함께 승선하는 경우가 그렇다. 이번에 승선한 트레이닝 선장이 메튜였다. 메튜는 새로 입사한 데다가 LNG선 경험이 없어 3개월의 트레이닝을 거친 뒤 정식 선장으로 발령받을 예정이라고 했다.

메튜 선장님은 글로벌 2위의 해운사인 덴마크의 머스크 MAERSK에서 삼등항해사로 시작해 크루즈선사로 넘어가 크루즈선의 선장직까지 올라간, 특이한 이력의 선장님이었다. 당시 재직하고 있던 영국 크루즈선사에서 선장을 하다가, 그놈의 코로나 탓에 크루즈선사가 너도나도 영업을 정지한 탓에 일자리를 잃고 LNG선 쪽으로 넘어왔다고 했다.

크루즈선사와 LNG선사는 얼핏 보기엔 비슷한 해운사로 보일 수 있지만, 이 둘은 굉장히 다르다. 크루즈는 바다에서 즐기는 레저, 휴양 여행이 목적인 산업이다. 분류하자면 레저 혹은 엔터테인먼트 산업이라 할 수 있다. 이에 반해 LNG선은 운송업의 성격이 훨씬 강하다. 굳이 차량에 비유해보자면 크루즈는 관광버스, LNG선은 화물 트럭에 가깝다.

또 첨언하자면 우리나라에서는 목포에서 제주도로, 인천에서 제주도로 가는 카페리선Carferry이 많은데, 이 카페리와 크루즈를 많이들 혼동한다. 하지만 카페리는 A에서 B 지점으로 여객과 자동차를 실어 이동하는 운송업이니, 이 역시 크루즈와 명확히 구분된다.

LNG선은 화물선인지라 화물의 관리, 정비 등이 중요한데, 크루즈선은 여객의 레저 활동을 위한 서비스 품질 관리가 핵심이다. 이런 이유로 LNG선과 크루즈선 간의 직종 이동은 낮은 직급의 항해사나 기관사에게는 비교적 수월하지만, 선장직 등의 상위 직급에서는 흔치 않다. LNG선의 상위 직급에 오르기 위해선 별도의 화물취급 지식과 실무 경험이 요구되기 때문이다. 그래서 메튜 선장님의 커리어는 분명 눈에 띄는 부분이 있었다.

메튜 선장님은 LNG선 승선이 처음이었고, 트레이닝 선장으로서 화물취급의 기초부터 배워야 했다. 크루즈선에서는 선장이었지만, LNG선에선 삼등항해사의 일부터 배워야 하는 부분이 있었다는 뜻이다. 그에게 주어진 트레이닝 기간은 3개월이었다.

"동현, 혹시 LNG 기화기에 대해 알려줄 수 있어?"

"슬로싱 리미트가 상위 70퍼센트인 이유는 뭐야?"

메튜 선장님은 선장이라는 직급에 얽매이지 않고 정말 열심히, 또 적극적으로 일을 배웠다. 나도 일등항해사로서 물심양면으로 그를 도우려 애썼다. 그를 보자니 한국 선사에서 해외 선사로 막 송출한 내 모습도 약간은 겹쳐 보여 마음이 쓰이기도 했다. 나는 주말에도 일을 하러 나오니 언제든지 와서 궁금한 걸 물어보라고도 했다. 메튜 선장님은 운동도 좋아하고 파티도 좋아하는 외향인이기도 해서, 사적으로도 금세 친해졌다. 평일에는 함께 일에 미쳐있다가 주말에는 술잔을 기울이고 같이 놀며, 그렇게 직장 동료인 동시에 친구가 되었다.

서로의 부족함을 채워주는 동료이자 친구

"동현, 너는 앞으로 계획이 뭐야? 아직 선장 준비하기는 이른가?"

"사실 선장 진급을 준비하고 있긴 해. 아직 일항사 경력이 많이 부족하긴 하지만 미리 준비해서 나쁠 건 없잖아?"

내가 메튜에게 선장 진급 계획을 말하자, 메튜는 선장 진급은 일등항해사 진급과 비교도 안 될 정도로 어려울 거라고 했다. 그는 크루즈 출신이었지만, 산업을 떠나 영국 선사들은 하나 같이 선장 진급에 굉장히 엄격하다고 덧붙였다. 하지만 막 송출한 때였다면 몰라도, 일등항해사가 된 지금은 그 말이 크게 두렵지 않았다. 일등항해사 진급 조건도 처음 봤을 때는 혀를 내두를 정도로 엄격하지 않았던가. 선장 진급 역시 다르지 않을 것이라는 자신감이 있었다.

"그럼, 메튜. 나 좀 도와줄 수 있어? 선장 진급시험에 관한 정보가 많이 부족하거든. 네가 도와주면 너무 좋겠는데!"

"그래? 그럼 매주 일요일 오후 한 시, 점심시간 지나서 얼굴 보자."

그렇게 선장 진급 과외가 시작되었다. 메튜는 일요일마다 나에게 두세 시간씩 과외를 해주었다. 어찌 보면 LNG선 트레이닝에도 시간이 없었을 그 친구가 주말마다 고정된 시간을 내게 할애하며 나를 도와줬던 건, 다시 생각해도 고맙다고 할 수밖에 없다.

그는 나에게 선장으로서의 법적 권한, 항해술, 항해법, 보험, 국제법 등을 다시 알려줬다. 내가 지금까지 학교에서, 그리고 실무에서 분명 배웠던 것들임에도 그가 되짚어 가르쳐주는 것들은 내게 새로운 공부로 다가왔다. 그중 특별히 인상적인 가르침 중 하나는 COLREG였다. 일항사 진급 대비 때 제롬 선장님도 COLREG 부분을 짚어주셔서 나름대로 열심히 공부했는데, 메튜는 지금도 부족하다고 했다.

"동현, 너 COLREG는 정말 뼛속까지 이해하고 암기해야 해. 영국 놈들 보통이 아니야. 진급 면접 때 COLREG에 관해서 귀찮을 정도로 꼬치꼬치 물어볼 거야. 이건 미리미리 준비하는 게 좋아."

난 메튜가 추천한 COLREG 관련 책 한 권을 아마존으로 주문했고, 배에서 내릴 때까지 하루에 한 시간씩, 다섯 번을 정독했다. 제롬 선장님도 메튜도 그랬지만, COLREG의 중요성은 선장이 된 지금에 와서 더더욱 와닿는다. 지금도 내가 배에 타면 항상 펴고 되짚어보는 책 중 하나일 정도로.

메튜는 내 개인과외 선생님처럼 선장 진급의 필기와 면접시험 준비를 도와줬다. 물론 나도 그에게 LNG 화물에 관해 과외해줬다. 우리는 그렇게 3개월을 붙어 다녔다. 우리 회사의 불문율대로 3개월이 지나고서는 당연히 헤어졌지만, 친구로서 간간이 연락을 유지하며 새로운 소식을 들었다. 그는 얼마 되지 않아 영국 리버풀의 도선사가 되었다고 한다.

바다 위의 교통법규, COLREG

COLREG, 한국어로 '국제해상충돌예방규칙'은 바다 위의 '도로교통법'과도 같은 개념으로, 선박들이 서로 충돌하지 않도록 정한 국제 공통의 약속이다.

도로에서 자동차가 신호를 지키고 차선을 따라 운행하듯, 선박도 항해 중 일정한 규칙을 따른다. 예를 들어, 두 동력선이 서로 마주 오면 COLREG 제14조에 따라 서로 우현(오른쪽)으로 침로를 바꿔 피해야 한다. 좁은 수로에서는 대형 선박이나 조종성이 제한된 선박의 항로를 방해해서는 안 되며, 항구에 들어가거나 나올 때도 정해진 속도·신호·우선순위를 지켜야 한다.

시정이 나쁜 안개 속에서는 전방 시야 대신 기적(Whistle), 종소리(Bell), 항해등(Navigation Lights) 등을 이용해 자신의 위치와 움직임을 알린다. 이러한 신호는 시각보다 청각 정보가 우선하는 해상 환경에서 충돌 방지를 위한 핵심 수단이다.

COLREG은 선박의 국적, 크기, 목적에 상관없이 바다 위의 모든 선박이 반드시 따라야 하는 국제법이다. 이를 위반하면 충돌 위험은 물론, 선박 책임자에게 국제적·형사적 책임이 부과될 수 있다. 요약하자면, COLREG은 바다의 교통법규이자 모든 항해자의 기본 규범이다.

바다 위에서 벌어진
화재 사건

 카타르 입항을 하루 앞둔 어느 여름날이었다. 8월의 중동 바다는 온도가 32도였고, 카타르 내륙은 40도에 육박했다. 아침 8시, 아침 갑판부 미팅을 위해 나는 선교로 향했다. 미팅은 보통은 회의실에서 진행하지만, 그날은 어선이 많아 선교에서 하기로 했다.

 "오늘은 날씨가 엄청 좋군, 그렇지 않나?"

 "네 선장님, 갑판부원들이 고생 좀 하겠네요, 날씨가 너무 더워서…."

 "필요하면 휴식 시간을 충분히 늘리도록 하게. 이런 날씨에는 탈수증세를 보이거나 열사병 걸리는 선원들 많아."

 "네, 알겠습니다."

 경험이 풍부했던 스페인 선장님은 항상 도움 되는 조언을 많이 해주셨고, 그만큼 많이 배울 수 있었다. 선장님이 내려가시고 나는 갑판부원, 항해사들과 약 15분간 더 미팅했다.

"자! 오늘도 그러면 안전 작업하시고, 고생하세요."

갑판부 미팅이 끝나고, 나는 커피 한잔을 마시며 창밖을 봤다. 당직 항해사였던 터키 삼등항해사 무스타파가 망원경을 들고 앞을 유심히 보고 있었다.

"무스타파, 별일 없죠?"

"네 날씨 정말 좋네요. 일항사님, 근데 저 앞에 보이시나요? 저게 뭐죠? 어선 같긴 한데."

"이 주변엔 어선이 많아서 잘 경계해야 돼요. 입항 하루 전이니 더 신경 써야죠."

항구에 가까워지면 연근해에서 조업 중인 어선이 많이 보인다. 난 당연히 어선 중 하나일 거라 지레짐작하고 쌍안경을 집어 들어 무스타파가 가리킨 곳을 보았다. 쌍안경 너머에 조그만 점처럼 보이는 어선에서 무언가 스멀스멀 피어올랐다.

바다 위에서도 불이 난다

"어? 저거 연기 같은데…?"

"네, 제가 보기에도 연기 같은데요?"

아직은 거리가 좀 있던지라 나와 무스타파 그리고 필리핀 견시원 셋은 뚫어져라 말없이 어선을 지켜봤다. 커피를 마시러 잠시 선교에 올라왔던 폴란드 삼항사 마렉도 합류해서 곧 넷이 미어캣처럼 서서 바다를 주시했다. 하필이면 그 어선은 우리 배가 향하는 선수 쪽으로 천천히 다가오고 있었다. 조금씩 가까워지는 그 어선의 등에서 움직이는 검은 형체가 연기인지 아닌지, 연기라면 화재로 인한 연기인지 엔진 사용으로 인한 매연인지를 구분해야 했다. 우리 넷은 쌍안경을 놓지 않고 계속해서 그 어선을 바라봤다. 긴장감이 감돌았다. 어선이 점점 더 가까워지자, 의심은 확신으로 바뀌었다.

"일항사님, 연기가 맞습니다. 어선에 불이 났어요."

"삼항사, 거리랑 방위 확인하고 CPA, TCPA는 얼마에요?"

"거리 5마일, 방위 253도, CPA는 0.3마일, TCPA는 15분입니다."

우리 배 좌현 앞쪽에서 접근하던 어선이 약 15분 후에 0.3마일, 그러니 500m쯤 떨어져 통과할 거란 얘기였다. 시간이 없었다.

"삼항사, 선장님 호출해요! 얼른!"

삼항사 무스타파의 전화를 받은 선장님은 1분도 지나지 않아 선교로 올라오셨다.

"선장님 승교하셨습니다."

"무슨 일인가?"

"선장님, 좌현 선수 쪽에 화재 어선 발견했습니다."

"선교 추가 견시원 두 명 더 부르고 계속해서 견시해. 배 위에 사람 있는지 확인해봐! 배 주변으로 익수자가 있는지도 놓치지 말게."

"네!"

선장님은 침착하게 역할을 배분했다. 선장님이 선교에 서 계신 것만으로도 부산스러움이 멎어들고 안정감이 더해졌다.

어선에 난 불은 점차 커졌고, 검은 연기가 어선 전체를 덮을 정도가 되었다. 연기가 그쯤 되자 사람의 기척을 살피기도 어려웠다. 하지만 혹시 모를 경우를 위해 나는 선교 밖으로 쌍안경을 들고 나갔다.

영화 속의 저격수처럼 쌍안경을 선체 철판에 기댄 채 어선을 견시했다. 계속 들고 있으면 손이 떨려 제대로 보이지 않기 때문이다. 몇 초 아니 몇 분이 지났을까… 내 시야에 어떤 물체가 들어왔다.

"어…? 어…!"

큰 화재 속에 어선 맨 뒤쪽에서 스프링클러가 작동하며 사람 같은 형상 둘이 내 눈에 들어왔다. 연기에 가려 자세히 보이지는 않았지만, 소화 호스 같은 걸로 불을 끄고 있는 것처럼 보였다.

"선장님! 사람이 있습니다! 어선 뒤에 사람이 있어요!"

"뭐?"

옆에 있던 삼등항해사 마렉도 말했다.

"저도 본 것 같습니다! 어선 뒤쪽이에요."

그 후 선교의 모든 인원은 선장님을 바라봤다. 잠시 정적이 흘렀지만, 선장님은 이내 새로운 명령을 내렸다.

긴박한 상황, 석연치 않은 무전

"수동 조타 실시Hand Steering."

"수동 조타 실시Hand Steering!"

조타수가 조타기로 돌아가 재빨리 수동 조타를 시행했다. 배 위의 모두가 긴장했다. 오토파일럿을 종료하고 수동으로 배를 조선하여 구조 작전을 실시한다는 뜻이었다. 평소에도 익수자 구조훈련을 주기적으로 해 선원들은 상황에 충분히 숙달되어 있었지만, 실전이 주는 압박감은 차원이 달랐다. 삼항사 무스타파가 긴장한 탓에 조금 떨리는 목소리로 전 선내에 방송했다.

"전 선원 주지할 것. 구조작업 실시한다. 전 선원은 비상배치 부서로 이동할 것. 이 상황은 훈련이 아닌 실제상황이다. 다시 한번 반복한다…."

선교, 기관실, 갑판 모두 일사분란하게 선장님의 명령에 따라 움직였다. 일등항해사인 나는 구조정장으로서 구조정을 진수하기 위해 이동했다. 나는 구조정장이면서 구조팀장이기도 했다. 현장에 도착하니 갑판장이 구조정 진수를 준비 중이었다.

"인원 점검한다, 삼등기관사 아렌!"

"네!"

"갑판장 베르나르도!"

"네!"

비상부서에 인원 점검이 끝나고, 선장님께 보고했다.

"선장님, 비상부서 배치 완료됐습니다. 구조정 진수 준비 됐습니다. 명령을 기다립니다."

"알았네. 대기해."

대기하며 구조정에 있는 장비들의 상태를 다시 점검했고, 모든 준비가 완벽했다. 다만 지금 날씨가 걱정이었다.

갑자기 시작된 너울과 지나치게 더운 날씨가 문제였다. 이러면 구조정의 엔진이 과열되어 중간에 멈출 수도 있었다. 특히나 해수를 이용하여 엔진을 냉각시키는 시스템인 선박 구조정은, 해수 온도가 높은 오늘 같은 날에 특히 취약했다.

선원 모두 선장님의 다음 명령을 기다리고 있었다. 동시에, 선장님이 지금 어떤 고민에 빠져있을지 생각했다. 화재가 난 어선에 잘못 접근하면 우리 선원들의 안전도 위협받을 수 있는, 초미의 상황이었다.

그때 화재 어선 근처로 어떤 어선이 홀연히 접근했다. 그 어선은 화재 어선 주변을 두 바퀴 정도 돌고서 기적을 길게 울렸다. 그러고는 화재 어선에서 점차 멀어졌다. 어선에 사람이 없다는 뜻이었다.

"일항사, 방금 어선에서 연락이 왔네. 자기들이 가까이서 본 결과 사람이 없다고 하네. 우리 항해 계속하지."

"네, 선장님. 알겠습니다."

불편한 마음을 털어내다

그 이후 나는 사무실로 돌아와 작업복 차림으로 의자에 털썩 주저앉았다.

"후우…."

우리 임무는 끝나지 않았다. 블랙박스 녹화본을 저장하고 항해일지에 풍향, 풍속, 위치, 교신 내용, 그리고 '사람이 확인되지 않아 구조를 행하지 않았다'라는 사실을 빠짐없이 기록했다. 혹시라도 사람이 안에 있는데 구조를 시행하지 않았다면, 그것은 명백한 국제법 위반이었다.

"일항사, 가장 가까운 연안국이 어디인가?"

"두바이입니다, 선장님."

"두바이 연안국에 상세 사항 보고하고, 구조자 미발견으로 항해 지속한다고 보고하게."

그날 밤 나는 자기 전에 화재가 난 어선에서 내가 봤던 검은 형체를 떠올렸다. 처음 마주쳤던 조난 선박에서 구조를 진행하지 못한 연유가 너무나 찜찜했다. 차라리 내가 사람의 실루엣을 보지 못했더라면 나았을까 하는 생각까지 들었다. 불안과 의심은 쉽게 가시지 않았다.

며칠 후 카타르에서 하역 작업을 마친 뒤, 출항을 앞두고 있는 중에 선장님께서 하역실로 오셔서 함께 커피를 마셨다. 일상적인 대화를 나누다가 자연스럽게 화재 어선 이야기가 다시 나왔는데, 얼마 전 UAE 당국으로부터 메일을 받으셨다는 것이다. 화재 어선의 선원 다섯 명이 화재 발생 직후 근처 어선에 의해 구조되어 UAE 측으로 인계되었다고 한다. 화재 어선에 정말 아무도 없었다는 뜻이었다.

"정말 다행이네요. 그럼 저희가 본 건 뭐였을까요?"

"스프링클러가 작동했다면 수증기나 아지랑이를 사람으로 착각했을 수도 있지. 일항사 찜찜하던 마음도 좀 풀리지 않았나. 자, 이제 출항 준비하자고."

내색하지는 않았지만, 선장님도 계속 마음이 걸리신 모양이었다. 선장님은 내 어깨를 두드린 뒤 한껏 미소를 지으시며 선교로 올라가셨다.

선장님, 그건
잘못 생각하신 것 같은데요

"어…? 이분은…!"

"왜? 일항사가 아는 사람인가?"

"네, 제가 이항사 때 일항사이던 분이세요."

"그렇군. 다음 주에 나랑 교대할 선장이네. 선장으로서는 첫 승선이라 하니 일항사가 잘 보좌해주게."

교대명단에 익숙한 이름이 보였다. 파월, 폴란드 선장. 2년 전, 내가 해외 선사로 송출하고서 가장 힘들던 시기에 만난 내 바닷길의 선배이자 마음을 나눈 친구.

"어이 친구, 너 진급 준비한다며? 그럼 이제부터 네가 일항사 일 다 하는 거야, 알겠어?"

내가 선내에서 홀로 고립되어 있던 때였다. 너무 힘들어서 한국으로 다시 돌아갈지 뱃일을 포기할지 고민하던 즈음,

처음 본 내게 일항사 일을 직접 해볼 기회를 준 상사. 국적을 떠나 누구라도 그러기 쉽지 않은 상황이었는데, 왜 그랬냐 하는 질문에 그는 이렇게 답했다.

"넌 믿을만한 사람으로 보였거든."

파월이 승선하는 날, 나는 파월을 마중하러 갔다. 파월은 내가 이 배에 있으리라고 생각지도 못했을 것이었다.

"신규 승선자, 승선했습니다."

라디오로 갑판장이 신규 승선자의 승선을 알렸다. 저 앞 갑판 위에 커다란 캐리어 하나를 들고 뚜벅뚜벅 걸어오는 파월에게 성큼성큼 다가가 인사를 건넸다.

"선장님 치고 짐이 너무 많은 거 아니에요?"

"어…? 동현?! 네가 여기 있었어?!"

"오랜만이에요! 잘 지내셨죠?"

우리는 선장과 일등항해사로 다시 함께 일하게 되었다. 그렇게 넓은 바다에서 새로운 항해가 시작됐다.

선장님, 그건 잘못 생각하신 것 같은데요

파월 선장님은 승선한 지 일주일밖에 되지 않았으나, 우리는 서로의 리더십 스타일을 잘 이해하고 있었다. 나는 무리를 이끄는 돌고래 스타일이었다. 팀워크와 유대감을 바탕으로 한, 부드럽고 유연한 리더십을 추구했다. 각자의 능력을 존중하려 애쓰고 부서원들이 자발적으로 움직일 수 있는 공간을 만들어주려 했다.

반면, 파월은 사파리를 질주하는 사자 같았다. 단호하고 강렬했으며, 상황을 주도하는 힘이 있었다. 결정의 순간에는 주저하지 않고, 위험한 순간에도 물러서지 않았다. 그는 누구보다 앞장서서 길을 열고, 그 뒤를 모두가 믿고 따르게 만드는 카리스마형 리더였다.

이렇게 상반된 리더십을 가진 우리 둘은 아주 잘 어우러졌다. 일등항해사였던 파월과 이등항해사였던 내가 만났을 때는 말이다. 이등항해사로서 나는 그의 거침 없는 카리스마를 누구보다 잘 믿고 따랐다.

하지만 선장과 일등항해사로 만난 지금은 상황이 달랐다. 선장은 배 전체의 책임자이지만, 일등항해사도 갑판부의 장으로 갑판원들을 책임져야 했다. 그러니 나도 이제 내 한 몸이 아니라, 내게 배속된 선원들을 위해 목소리를 내야 한다는 의미였다. 그렇기에 다른 두 리더십 스타일은 때로 맞부딪치며 충돌하기도 했다.

"일항사, 데크 검사 한번 나가보지."
"네, 그러시죠. 선장님."

파월은 승선한 지 얼마 지나지 않아 배 전체를 둘러보고 싶어 했다. 선장으로서 당연한 태도였다. 나는 일등항해사이기도 했지만, 당시 그 배에만 연이어 두 번째 승선을 마치고 세 번째로 승선한 때였다. 당연히 그 배에 대해선 내가 선장보다 더 잘 아는 부분들도 있었다.

"흐음… 이건 뭐지?"

"저건 원래 자리가 저기야? 이유가 있어?"

"데크가 왜 이래?"

"윈치 상태는 이게 맞나?"

파월은 나를 데리고 갑판 전체를 돌며 이것저것 지적했다. 나는 묵묵히 파월의 질문들에 대답했지만, 파월은 배의 전반적인 컨디션이 못마땅한 모양이었다. 검사 중간쯤, 파월은 잠시 쉬어가자며 나에게 한마디를 던졌다.

"일항사, 100점 만점에 10점 주지. 지금 우리 배의 컨디션은 내가 본 배 중에 최악이야."

"알고 있습니다, 선장님. 우리 배 컨디션이 안 좋은 건 사실이에요."

선장님의 지적은 정당했지만, 이어진 말은 그렇지 않았다.

"이 배에 벌써 세 번째 승선이라 했지? 갑판 담당인 일등항해사에게 책임을 묻고 싶군. 선원들 관리를 어떻게 했길래 배가 이 지경이 된 거지? 내가 일항사였을 때 이런 녹은 볼 수가 없었는데… 갑판부가 일을 제대로 안 하나보군. 따로 이야기할 때까지 갑판부원들 주말에도 모두 일 시켜."

파월의 스타일은 나도 익히 알았고, 그래서 어느 정도 예상한 상황이기도 했다. 파월은 일부러 으름장을 놓으며 분위기를 장악하고, 이후 상황에 따라 압력을 조절하는 편이었다. 하지만 난 물러서지 않았다.

"선장님, 승선하신 지 일주일밖에 안 되셨죠? 이 배의 이력도 잘 모르신 상태에서 저희 갑판부원들을 탓하시는 건 정당하지 못한 점이 있다고 생각됩니다."

파월은 돌아서서 내 눈을 마주 봤다.

"그래? 왜 그렇게 생각하지?"

회사가 보유한 50여 척의 LNG선 중 우리 배의 닉네임은 'Destroyer'였다. 이 배를 타면 심신이 파괴된 채로 내리게 된다고 해서 붙은 닉네임이었고, 그래서 모든 선원이 기피하는 선박이기도 했다.

그럴 만도 했다. 배의 크기는 다른 배보다 3~40미터는 더 길었고, 배가 건조될 때부터 기존 LNG선과는 굉장히 다른 설계와 시스템이 적용됐으며, 선령도 오래되어 구식 장비가 많았다. 또한 항로 자체도 더운 중동을 주로 다녔기에 굉장히 바쁜 선박 중 하나이기도 했다. 이런 사유가 더해져 선원들이 기피하는 1호 선박이었으며, 심지어 배에 배정된 선원들이 온갖 변명을 대며 오지 않으려는, 사건 아닌 사건도 많았다.

상황이 이러하니 한 배를 2~3년간 계속 타야 하는 상급 사관들은 이 배에 배정되면 한 번만 타고 다른 배로 보내달라고 회사에 요청하거나, 요청이 받아들여지지 않은 때에는 퇴사까지 하겠다는 경우도 있었다. 교대자들이 한 번만 타고 다른 배로 가버리니 나 말고는 이 배에 연이어 탄 선원도 전무했다. 더군다나 다른 배로 떠날 생각을 하는 사관들은 어차피 가는 마당에 무슨 상관이냐며 책임감 없이 일하는 경우도 꽤 있었다.

"선장님, 이 사진 한번 봐주시겠습니까?"

파월에게 일 년 반 전, 내가 이 배에 처음 와서 찍은 배의 사진들을 보여주었다. 나는 300미터가 넘는 선박의 이곳저곳, 구석구석을 다 찍어뒀었다. 내가 이 배를 얼마나 나은 상태로 개선할 수 있을지의 기준점으로 남겨둔 사진들이었는데, 사진들을 이렇게 쓰게 될 줄은 몰랐다. 사진을 본 파월은 아무 말도 하지 않았다.

"제가 이 배에서 오래 있었다는 이유로 저를 탓하시려거든, 상관없습니다. 어쨌든 제 책임이니까요. 하지만 갑판부원들은 일을 정말 성실히, 열심히 잘하고 있습니다. 그들이 일을 게을리했다고 말씀하시지는 않으면 좋겠습니다."

"그래? 그럼 내가 믿어봐도 되겠어?"

"네, 맡겨주시면 해내겠습니다."

파월은 만족스러운 미소를 띠며 고개를 끄덕였다.

내 지휘 아래서는

"따르르릉!"

그날 저녁, 샤워하고서 저녁식사를 하러 가려던 때에 방의 전화가 울렸다.

"네 일항사입니다."

"일항사, 바로 잠깐 나오지."

파월이 나를 불렀다. 선내의 바는 이름에 걸맞게 와인과 맥주 등 주류를 파는 곳으로, 선원들이 일과 후에 친목을 쌓기 좋은 곳이다. 파월은 아이리시 스타일의 입석에서 캔맥주를 마시고 있었다.

"한잔하지?"

"네, 좋죠."

파월이 손수 내게 맥주 한 캔을 따서 줬고, 난 상급자인 파월의 맥주캔보다 조금 내려서 맥주캔을 부딪혔다.

"짠!"

"그 한국식 술 예절은 여전하네."

"기억하시네요. 저번에 제가 알려드렸죠."

"근데 왜 두 손으로 건배 안 해?"

"에이, 이제 일항사잖아요. 한 손으로 할 때가 된 거죠."

우리 둘은 웃으며 그동안 어떤 배에 있었는지, 서로의 가족은 잘 있는지, 힘든 일은 없었는지 이런저런 이야기를 이었다. 분위기가 무르익어 가자, 파월의 표정이 조금은 진지해졌다.

"난 내가 틀리지 않았다는 걸 오늘 확인해서 좋았어."

"무슨 말이에요?"

"전부터 넌 멋진 리더가 될 걸 알았거든."

괜한 칭찬이 내심 고마웠다. 파월은 항상 그랬다. 업무적으로는 단호하고 엄격했지만, 함께 술을 마실 땐 더할 나위 없이 좋은 친구였다.

"어쩌면 알고 있겠지만, 오늘 그건 시험이었어."

"네? 무슨 시험요?"

"너를 시험해보고 싶었거든. 네가 선장 말에 고개만 끄덕이는 '예스맨'인지, 아니면 갑판부를 이끄는 진짜 일등항해사인지."

파월은 내 휘하의 부하 직원들을 나무랄 때 내가 어떻게 반응할지 보고 싶었단다. 그러고 보니 내가 봐왔던 일등항해사 파월은 선장님과 언성을 높이며 싸우는 모습이 많았다. 하루는 화물제어실에서 시끄럽게 굴던 선장님에게 "당장 내 사무실에서 나가지 않으면 선장인 당신이 당장 화물 작업 하게 될 줄 알라"라고 으름장을 놓은 적도 있었다.

"내가 상사여도 넌 내 잘못을 언제든지 얘기할 수 있어야 해. 배에서는 누구든지 간에 그럴 수 있어야 해. 특히 내 지휘 아래에선 말이야."

파월은 이처럼 겉으로는 거칠고 투박하게 보였지만, 속으로는 부하 선원들의 권익을 보호하기 위해 상사와 맞서 싸우고, 자기 귀를 열어두는 리더였다. 그리고 '내 지휘 아래에선 Under my command'이라는 표현을 즐겨 썼다. 자기 지휘 아래에 있다면 마땅히 그 지휘 철학을 따라야 한다는 말이기도 했다. 다시 생각해보니 그는 내게 이미 시험의 단서를 준 셈이었다.

"아주 잘 컸구나. 내가 잘 키운 보람이 있어."

"에이, 뭘 키워요! 내가 잘 큰 거지!"

우리 둘은 장난치며 호탕하게 웃었다.

"내 지휘 아래에선, 누구라도 불합리한 것을 말할 수 있어야 해."

일등항해사가 아닌 선장 파월의 말은, 내게 이전과 또 다른 울림으로 다가왔다.

한국 선사와 해외 선사의 문화 차이

한국 선사와 해외 선사는 업무 문화에서 많은 차이가 있다. 해외 선사라는 점도 간과할 수 없겠지만, 무엇보다 함께 승선하는 선원들이 적게는 8개국, 많게는 12개국에 이르는 다국적이라는 점에서 한국식의 상명하복 문화는 상상조차 할 수 없다.

상명하복의 대척점에 있는 문화 중 하나가 상사에게 의견을 피력하는 행위이다. 해외 선사에서는 상사와 갈등이 생겼을 때, 상사와 토론하며 자기주장을 피력하는 일이 무척 자연스럽다. 더욱이 의견이 충돌할 때는 감정이 격해져 다투거나 싸우는 일도 허다하다. 앞서 언뜻 언급했듯, 다혈질인 동유럽계 선원들은 이런 성향이 더더욱 심하다. 물론 싸움으로까지 번질 정도로 격해지는 일은 지양해야겠지만, 전체적으로 상급자와 의견이 다를 때 본인의 생각을 당당히 어필하는 경우가 많다.

마지막
진급 추천서

'세상 참 좁다'라는 말이 있다. 바다라는 공간도 예외가 아니다. 나만 해도 이 넓은 대양이 '참 좁다'라고 생각한 적이 꽤 있으니까. 캡틴 파월과의 재회도 그러했지만, 선장 승진의 마지막 시기에 다시 조우한 인연을 떠올리면 더더욱 그렇다.

2024년 1월, 나는 일등항해사 4년 차에 선장 진급의 모든 요건을 갖췄다. 필기와 실기 시험을 통과했고, 선장의 연속 추천서를 세 번 이상 획득했으며, 갖가지 선내 실습과 과제, 교육을 모두 이수했다. 처음 이 선사로 송출했을 때의 목표, 즉 이 선사에서 첫 한국인 선장이 되겠다는 목표를 향해 한 걸음씩 걸어온 결과였다. 일등항해사 진급 때보다 더 지독하고 바쁘게 살아온 보람이 있었다.

일항사 때 그 악명 높은 'Destroyer'에만 2년을 연이어 승선했다. 그러다가 어느 하루에 다른 배로 승선할 것을 지시 받았다. 조금은 급작스럽게 친구이자 선장님인 파월과도, 그놈의 Destroyer와도 안녕을 고하고 새로운 배, 새로운 선장님을 만나게 된 것이다.

새로운 배의 스페인 선장님은 지중해 인근의 도시 출신이 셨고, 야외파티와 와인을 참 좋아하셨다. 토요일 저녁이면 야외에 테이블을 깔고, 선원들과 함께 바다와 석양을 안주 삼은 파티를 즐기셨다. 물론 이 파티에는 와인도 빠지지 않았는데, 붉게 물든 석양이 비치는 바다를 보며 마시던 스페인식 칵테일 칼리모초의 시원함은 잊을 수 없다. 와인과 콜라를 섞은 간단한 술이 그렇게나 맛있을 일인가.

마르코? 마르코!

하루는 저녁식사 중에 선장님이 나에게 질문하셨다.
"일항사, 혹시 마르코라고 알아요?"
"마르코요? 음… 제가 아는 마르코는 크로아티아 일등항해사인데, 5년 전 제가 처음 회사 들어왔을 때 만난 적이 있어요."
"아마 맞을 거예요. 작년에 진급해서 다른 배에 있다가 우리 배로 넘어오는 것 같더라고요."

마르코, 연고 하나 없는 해외 선사에서 만난 진정한 의미의 첫 친구. 그렇지만 그와의 첫 만남은 다시 생각해도 아찔했다. 자기만의 매뉴얼을 강요하며 부하들을 윽박지르는 통제광이자 자기 통제를 벗어난 부하는 필요 없다며 당직 중이던 이등항해사에게 당장 나가라고 소리치던 일등항해사와, 내 월급은 회사에서 나오니 내 몫은 할 거라며 목에 핏대를 세우고 상사게 대드는 이등항해사. 마르코와 나의 첫 만남은 이렇게나 엉망진창이었다.

이 갈등을 봉합하는 과정에서 그와 나는 둘도 없는 친구가 되었다. 물론 친구가 되어서만은 아니겠지만, 일등항해사 마르코는 집에 가기 전에 선장님께 내 진급 추천서를 잘 써주셨으면 한다고 강력하게 피력했단다.

"동현! 이게 얼마 만이야!"
"일등항해사님, 아니 선장님! 5년만인가요? 잘 지내셨죠?"

선박만 50여 척이 넘는 선단에서, 이전의 인연을 다시 종종 만난 걸 보면 난 참 운이 좋았다. 이미 난 마르코의 스타일을 잘 알고 있었으니까. 여느 선장들도 그렇지만, 마르코 역시 자신만의 철학이 분명했다. 성격은 다혈질이었지만 에너지 넘치는 리더십과 카리스마가 있었다. 크로스핏을 즐겨 했고, 하루에 10킬로미터씩 뛰며 몸을 푸는 철인이기도 했다.

"동현, 네가 나를 좀 잘 도와주면 좋겠어, 난 이 배가 처음이잖아."

마르코 선장님의 첫 말은 "네가 나를 도와주면 좋겠어"였다. 마르코는 전 배에서 어떤 사고를 당했다고 했다. 기관 추진 계통의 사고였는데, 선장이기에 이를 해명하기 위해 휴가 기간에 글라스고 본사까지 비행기를 타고 가 조사받고, 회사에서 징계를 받았다고 했다. 그런 만큼 이번 배에서는 어떤 문제도 없었으면 한다고, 일등항해사인 내게 말했다.

"걱정 마세요, 선장님. 언제나 그렇듯 저도 최선을 다하겠습니다."

아른아른 조금씩 보이는, 선장의 길

"동현, 오후 5시에 일 끝나고 내 사무실 잠깐 올 수 있어?"
"네, 선장님."

보통 외국인들은 한국인 이름을 부르기 힘들어한다. 보통 'Lee' 혹은 'Dong'이라고 했는데, 마르코는 내 이름을 제대로 불러준 몇 안 되는 친구 중 하나였다. 나를 자주 불러 이것저것 물어보던 마르코 선장님은 오늘도 어김없이 내 이름을 불렀다. 나는 더러운 작업복을 갈아입고 선장 사무실로 향했다.

"실례합니다."

"들어와. 어, 그리고 여기 앉아봐."

내가 선장님의 집무실에 들어가자, 그는 뜬금없이 자기 자리에서 일어나 내게 그 자리에 앉아보라고 했다. 다시 말해 선장 의자에 앉아보라 한 것이다.

"네? 선장님 자리에 왜요…?"

"에이, 앉아보라니까!"

길고 푹신해 보이는 선장 의자에 앉으니 몸은 편한데 마음이 영 불편했다. 케이크를 몰래 먹은 강아지처럼 가시방석에 앉은 느낌이었다. 하지만 이내 선장님이 바라보는 풍경이 시야에 들어왔다.

두 대의 모니터 안에는 미처 정리하지 못한 수십 통의 메일이 보였고, 모니터 옆에는 '비상연락망'이라고 적힌 회사와 기국, 선급 연락처들이 붙어있었으며, 선박의 상태와 항로 등을 실시간으로 볼 수 있는 전자해도와 선내 시스템 화면이 떠 있었다.

"너도 곧 선장 해야 할 거 아니야, 준비해야지."

"아…! 네, 열심히 준비는 하고 있어요."

그날부터였다. 내가 일등항해사로서 그를 보좌하고, 마르코는 내게 선장의 일을 알려주었다. 단순히 이론 교육을 한 게 아니고, 입출항, 항해, 검사 등 실제로 선장이 일, 주, 월 단위로 하는 일들을 알려주고, 실습도 해보게 하며, 또 피드백을 해줬다.

그렇게 하루하루 선장의 일을 배우고 익히며 지내던 어느 하루에, 내 방에 있으며 문득 기묘한 감정이 차오르는 걸 느꼈는데, 다름 아닌 선장의 일에 대한 자신감이었다. 어떤 계기가 있던 것도 아니었는데, 그냥 그랬다. 이날의 감각은 글을 쓰는 지금도 생생하다.

상위 직책의 직무에 대해서는 보통 자신감이 없거나, '내가 할 수 있을까?'라는 생각이 드는 게 보통이고, 선장이란 직무는 내게 더욱 그렇게 여겨졌다. 그런데 홀연히 선장의 직무에 자신감이 차오른 것이다. 물론 그 이후에도 난 선장 직무에 관해 공부하기를 게을리하지 않았다. 자신감이 자만심이 되지 않도록 더욱더 열심히 해본 것도 다시 해보며, 익히고 또 익혔다.

마지막 진급 추천서와 함께 온 절호의 기회

하선 일주일 전, 나는 마르코와 마주 앉았다.

"동현, 다음 주에 하선이지? 정말 고생 많았어. 그럼 이제 우리 일등항해사가 보낸 3개월의 고과를 메겨보자고."

그렇게 나에 대해 이것저것 묻고 이야기하던 마르코 선장님은 충분한 숙고를 거친 뒤 내게 종이 한 장을 건네줬다.

"에…?! 이래도 돼요?"

일등항해사의 평가 항목은 항해, 하역, 인사관리 등 다섯 항목으로 나뉘는데, 모두 5점 만점이 기재되어 있었다. 여태 4점과 5점을 섞어 받는 일은 더러 있었지만… 모든 항목에 5점을 주기는 평가자로서 쉽지 않은 결정이었을 텐데, 그는 개의치 않았다.

"나도 진급 전에 이런 고과를 받았어. 내가 마지막 추천서 잘 써줄 테니까 기회가 올 때 꼭 선장으로 진급하길 바라."

나는 내 방으로 돌아와 5년 전 그와 얼굴 붉히며 다툰 날과 선교에서 함께 커피를 마시던 순간을 곱씹었고, 고과표를 만지작거리며 보고 또 봤다. 지금까지 받은 진급 추천서 중 의미 없는 추천서는 없었지만, 그 추천서를 써준 이가 마르코라는 건 또 한 번 각별하게 다가왔다.

마르코와 화물제어실에서 싸웠던 그날, 그가 내 마지막 추천서를 줄 사람이 되리라는 걸 알 도리가 없었다. 이 사실을 미리 알았더라면 내가 그와 다투지 않고 무던히 지낼 수 있었을까? 물론 인생에는 '만약'이 없으니 어떤 상상도 크게 의미 없을지 몰랐다. 하지만 삶과 인연의 흐름은 바다의 파도만큼이나 가늠되지 않는다는 건, 분명했다.

그때 전화벨이 울렸다.

"따르르릉!"

"일항사입니다."

"동현, 내 방으로 잠깐 와. 회사에서 전화가 왔거든."

회사에서 전화라니? 다시금 말하되, 회사가 일등항해사에게 전화하는 일은 흔치 않다. 하선이 얼마 안 남았는데 무슨 일일까. 난 얼른 옷을 갈아입고 선장실로 향했다.

"네, 일등항해사 이동현입니다."

"이동현 일등항해사님, 안녕하세요. 글라스고 본사 진급 담당자 그렉입니다. 저번에 신청한 본사 근무 프로그램 때문에 전화했습니다."

6개월 전, 회사에서 새로 도입한 선장 진급 시스템이 있었다. 바로 육상개발 프로그램ODP, Onshore Development Programme이었는데, 선장 진급 대상자인 일등항해사들이 두 달간 회사에서 내근하며 육상의 일도 배우고, 동시에 선장으로 진급할 역량이 있는지도 평가받을 수 있는 프로그램이었다. 무엇보다, 평가 결과가 좋으면 곧바로 선장으로 진급할 수 있었다. 글라스고 본사에서 일을 해볼 기회도 드물뿐더러, 진급 기회도 얻는 셈이라 이번 배에 승선하기 전에 지원서를 넣고 왔었다. 그런데 회사에 고경력 일등항해사가 워낙 많아 선정되기 쉽지 않을 거라는 회신이 왔었고….

그래도 차근차근 일하다 보면 내게도 기회가 오지 않을까 생각하기로 했는데, 막상 이 이야기를 선장실에서 유선으로 제안을 들으니 심장이 마구 뛰었다.

"저번에 지원하긴 했는데 그때 저보다 경력이 많은 일항사가 많아서 어려울 거라고 들었습니다."

"네, 맞습니다. 그런데…."

그렉은 말을 고르는 듯, 잠시 텀을 뒀다.

"근데 일항사님이 최근 받은 추천서들이 워낙 구체적이고 좋아서요. 배에서 실습하신 내용도 그렇고, 또 교육 들으신 게 인상적이었습니다. 4년밖에 안 되셨는데 회사의 모든 교육을 수료하셨더라고요. 이런 경우는 처음입니다."

'이런 경우는 처음'이라던, 지금도 뿌듯한 그 말. 진급에 필요한 교육뿐 아니라 선장, 일등항해사 직급 가릴 것 없이 항해사에게 필요한 교육은 모조리 이수했다. 그 교육들은 글라스고 본사에서 들어야 했는데, 이때 교육비, 숙박비, 교통비만 해도 아마 억 단위였을 것이다. 이 비용을 회사에서 모두 내주니, 나는 시간과 노력만 들이면 됐다. 역량 강화를 위해서도 진급 조건을 달성하기 위해서도 좋았다. 물론 휴가를 쪼개 써야 했지만 큰 문제는 아니었다. 그런데 교육 수료가 이처럼 긍정적인 나비효과를 불러일으킬 줄이야.

"그래서 이번에 인사팀장님이 이동현 일등항해사님을 개인적으로 추천하셨습니다. 혹시 이번 휴가 때 두 달간 글라스고 본사로 오실 수 있을까요?"

모든 노력에 보상이 따르는 건 아닐지라도, 어떤 노력은 시간이 지나 만개하기도 한다. 내가 뿌린 노력의 씨앗들이 싹을 틔우고, 내 인생이란 항해에 새로운 돛이 하나 더 펼쳐지려 하고 있었다.

선장 진급의 요건

선장 진급에는 법적으로 적합한 선장 면허와 회사의 승인이 모두 필요하다. 운전면허에 비유하면, 대형차를 몰기 위해 대형면허가 필요하듯 선박도 크기와 종류에 맞는 면허가 필요하다. 우리나라 해기사 면허는 1급부터 6급까지 있으며, 급수가 낮을수록 조선할 수 있는 선박 규모와 직급이 제한된다. 예컨대 3만 톤급 선박의 삼등항해사는 최소 3급 항해사 면허가 필요하다. 다만 배가 작아질수록 면허 요건이 완화된다. 또한 한국 해기사 면허는 국제적 협약에 따라, 해외 선사의 선박에서도 통용된다.

대형면허가 있다고 모두 화물 운전기사라고 할 수 없듯, 선장 면허만으로 선장이 되는 것은 아니다. 선장 역시 회사의 승인이 필요하다. 이 과정은 기업 규모와 정책에 따라 다르다. 소규모 회사는 형식 없이 진급을 결정하기도 하지만, 대형사는 까다로운 절차를 거친다. 보통 선장 실습, 리더십, 선교 자원 관리, 하역, 조선 시뮬레이션 교육을 이수하고, LNG선 기준 일등항해사로 최소 2년 이상 승선 경험을 쌓아야 한다. 이후 회사 면접과 자체 필기, 실기 시험을 통과해야 최종 진급 후보에 오른다. LNG선을 기준으로 일등항해사에서 선장으로 승진하기까지 보통 7년 이상의 시간이 필요하다.

영국에서의
지상 근무

몸이 점점 지상으로 내려오고 있다는 감각이 들었다. 창밖으로 다양한 항공사 마크들이 빠르게 지나갔다. 항상 하선 후 인천공항에 비행기를 타고 귀국할 때의 느낌은, 참 복잡미묘하다. 휴가 때 한 번씩 시골에 계신 부모님을 찾아뵐 때, 긴 장거리 운전 후 고속도로에서 빠져나오는 느낌이랄까. 설렘과 반가움이 잘 버무려진 감정이다.

"어, 형! 여기야!"

"아이고! 이 배우, 잘 있었나!"

10년째 배우 생활을 하는 동생은 배우 활동으로 바쁠 텐데도 내 귀국 날이면 항상 마중 나왔다. 50만 킬로를 탄, 고모부에게 받은 구식 체어맨을 끌고서.

"야, 이 차는 가다가 안 퍼지냐?"

"고모부가 진짜 잘 관리하셨나 봐. 가다 퍼지진 않아. 핸들이 가끔 왼쪽으로 잘 안 돌아가는 것 같긴 한데."

"…그럼 차라리 퍼지는 게 안전한 거 아니야?"

인천공항에서 짐을 싣고 동생네 집으로 향하는 길에 이런저런 농담과 이야기들을 주고받았다. 드디어 집에 왔구나, 고향에 왔구나 싶은 안도감이 들었다.

형이 선장이 될지도 몰라

그날 저녁, 우리는 항상 그렇듯 마주 앉아 냉동 삼겹살에 소주를 기울였다. 불판 위에 콩나물과 김치가 눌어붙을 즈음, 둘 다 얼큰하게 취해 있었다.

"나… 이번에 영국에 가."

"뭐? 왜? 얼마나? 언제 오는데?"

"길게는 아니고, 두 달 정도? 본사에서 근무할 기회가 생겼어."

"와! 축하할 일인 거 맞지? 근데 무슨 일로?"

나는 소주 한잔을 털어 넣고 답했다.

"이거 잘 끝내면… 선장으로 진급할 수도 있어."

"뭐? 선장?!"

동생이 눈을 동그랗게 뜨며 소리를 버럭 질렀다.

"야, 이 정신 나간 놈아! 조용히 해! 뭘 그렇게 놀라!"

"아니, 갑작스러우니까 그렇지! 와! 선장 진급?!"

"아니, 꼭 그런 것도 아냐. 잘해야 돼. 다 되는 게 아니야."

며칠 전에 회사로부터 수신한 메일에 따르면, 두 달간의 본사 근무는 총 10개의 부서에 각 사나흘씩 근무하는 형태로 짜여 있었다. 한 부서에서 타 부서로 옮길 때는 그 부서장과 간단한 면접 후 'Pass or Fail'의 합불 평가를 받는데, 모든 부서에서 합격을 받아야 했다. 또한 프로그램 후 전 직원 앞에서 주제를 정해 프레젠테이션을 하고, 마지막으로는 부사장 및 총선단장과의 최종면접에서 통과해야 했다. 이 모든 단계를 거쳐야만 진급할 수 있었다.

물론 꼭 이 프로그램을 거치지 않아도 진급은 가능했다. 기존 절차대로 진급 면접을 보면 됐다. 하지만 면접을 기다리기에는 나보다 고경력의 일등항해사가 너무 많았다. 내 순서가 언제 올지, 오기는 할지 기약이 없었다. 내가 능동적으로 나를 증명해 선장이 될 기회는, 실질적으로 이번 프로그램이 처음이자 마지막에 가까웠다.

본사에서의 첫 근무

"어서 오세요. 이동현 일항사님 맞으시죠? 저는 본사 매니저 린이에요."

강렬하지만 부드러운 영국식 억양에 지긋한 연세의 매니저가 나를 따스하게 맞아줬다. 영국 스코틀랜드, 글래스고에 소재한 본사에는 150여 명의 직원이 근무하고 있었다. 그전에도 영국은 교육차 자주 왔었고, 올 때마다 본사에 들러 우리 배의 담당 직원들과 인사를 나누기도 했던지라 꽤 익숙했다.

인사 담당자와 한 시간가량 킥오프 미팅을 하며 프로그램 진행 방식 등을 소개받았다. 이미 회사 근처에 두 달을 지낼 주방 딸린 숙소의 열쇠, 육상 근무에 필요한 노트북과 아이폰도 받았다.

프로그램에 따라 처음 일하게 된 곳은 인사팀이었다. 인사팀에서 실제로 매일 매주 하는 일들을 함께 해보며 육상의 업무가 어떻게 돌아가는지 이해하게 되었다. 실제로 진급 면접도 들어가 보고, 선박의 교대 계획을 세워보기도 했다. 또 외부 채용 담당자와 함께 면접에 들어가 어떤 식으로 면접을 진행하고 어떤 것들을 질문하며 평가 방법은 어떠한지 이해하는 시간도 가졌다.

그렇게 닷새째 되는 날. 인사팀장님과 마주 보고 앉아 닷새간 인사팀에서 배운 것들을 복기하고, 또 간단한 질문도 받았다. 프로그램 기간에 새로이 배운 게 있었는지 등 질문 자체는 그렇게 어렵지 않았다. 그렇게 첫 번째 팀에서 'Pass' 마크를 획득했다.

그 후, 나는 품질보증팀, 안전품질팀, 선대운항팀을 비롯한 각 팀을 돌며 항해사의 관점을 넘어 회사 전체의 시선에서 항해를 바라보는 시각을 키웠다. 배를 운항하며 항해사의 입장으로만 바라보던 편협한 틀이 깨지는 순간들이었다. 내 머릿속에서 배와 육상이 하나씩 연결되었다. '아, 그래서 그랬구나'라는 깨달음이 하루에도 몇 번씩이나 있었다.

슈퍼스타 Lee

내 입으로 말하긴 부끄럽지만, 본사에서 내 별명은 '슈퍼스타 Lee'였다. 나와 직접 만나보지 못한 직원이 나를 잘 알기도 했다. 물론 그냥 아는 건 아니고, 크게 두 가지 이유가 있었다.

첫 번째로 내가 하는 유튜브와 SNS로 나를 아는 경우. 내 계정을 팔로우하는 본사 직원들도 꽤 있었고, 특히 우리 회사에 들어오고 싶어 하는 외국인 선원들이 내 계정을 팔로우하며 정보를 얻어 우리 회사에 입사한 경우가 더러 있었다. 특히 내가 첫 한국인으로 입사하고 나서, 우리 회사에 한국인이 여덟 명이나 들어왔고, 면접에서 내가 언급된 적도 꽤 있다고 했다.

두 번째로 사내 친목 활동으로 아는 경우. 우리 회사는 약

35개국의 다국적 직원이 근무하는 글로벌기업이다. 이에 따라 사내 SNS 플랫폼도 꽤 활발히 운영되는데, 선박에서 일어나는 재밌는 일들, 휴가 때 있는 이벤트들, 회사에서 일어나는 일들이 공유되곤 한다. 그곳에 내가 한국에서 하는 여러 활동들을 주기적으로 올렸다. 해양대학교 강연, 해양수산부 선원정책 자문단 소속으로 한 선원들을 위한 정책 제의, 대한민국인재상 수상 등을 올렸는데, 회사 직원들이 보기에 휴가 때에도 적극적으로 여러 활동을 하는 내가 멋져 보였단다. 이런 이유들로 별명이 '슈퍼스타'가 되었다.

본사 근무가 한 달쯤 되었을 때, 본사에서 1년에 한 번 있는 여름맞이 파티가 있었다. 본사 전 직원이 1년에 두 번 크게 하는 파티가 있는데, 첫 번째가 크리스마스 파티, 두 번째가 여름 파티였다. 원래는 크리스마스와 새해 파티를 크게 했는데, 시기적으로 연달아서 큰 파티를 두 번 연달아 하니 직원들 숙취가 심해 여름 파티로 바뀌었다는 농담도 들었다.

여름맞이 파티를 위해 글라스고 중심가 서쪽의 웨스트엔드에서 큰 펍을 빌렸다. 금요일 낮 열한 시부터 시작된 파티는 장소만 네댓 번을 옮겼고, 새벽 두 시가 되어서야 끝났다. 내 멘토였던 싱가포르 총선단장 딜리스를 필두로 가라오케 팀도 편성되었다. 아시아계라 그런지 음주가무에 일가견이 있으셨다.

술이라 하면 우리나라도 어디서 빠지지 않지만, 스코틀랜드도 못지않다. 전 세계적으로 가장 유명한 술 중 하나인 스카치위스키의 본고장 아닌가. 거기다가 기네스의 본고장인 아일랜드를 비롯해 맥주로 유명한 주변국을 두고 있는 이 사람들은 기본적으로 술을 좋아하고 그만큼 잘 마신다. 게다가 본사에도 '뱃사람' 출신이 많았는데, 술의 신 디오니소스의 축복이라도 받았는지 정말 미친 듯이 마셔댔다. 낮 열한 시부터 시작된 파티에서 부사장님의 첫 건배사는, "맥주로 프라이머를 바르고 시작하자"였다. 프라이머란 배에 페인트를 칠할 때 첫 번째로 바르는 코팅 페인트를 뜻한다. 우리말로 의역하자면 '위부터 제대로 적시자' 정도가 되겠다.

오후 세 시, 대낮부터 만취해 스코틀랜드 가라오케에서 '강남스타일'을 부른 것도 진귀한 경험이었지만, 가라오케를 나오자마자 배고프다는 직원 몇 명과 함께 한식당에서 한국 음식을 먹은 것도 각별한 추억이었다.

그렇게 5차까지 달려 새벽 두 시까지 놀았던 파티에서, 난 나름 유명인사 대접을 받았다. 술을 마시니 용기가 났는지 나에게 와 사내 SNS에서 봤다면서 사진을 같이 찍자는 동료들이 꽤 있었다. 거기에 한국을 좋아하는 사람들도 두루 말을 걸어줬는데, 특히 알렉스라는 여직원은 한국 음식과 한류 문화에 아주 푹 빠져 매일 집에서 항상 한국 드라마를 한편씩 본다고 할 정도였다.

5년 전 회사에 입사했을 땐 혼자 한국인이라 고립을 걱정하던 나였는데, 이제는 지구 반대편 스코틀랜드 한복판에서 세계 각국의 친구들과 어울리고 있을 줄 누가 알았겠는가.

정말로, 선장으로 진급하다

"미안해요, 내가 좀 늦었죠?"

회사 1층에서 기다리고 있던 나에게 성큼성큼 다가온 사람은 크리스 부사장님이었다.

"두 달간 고생 많았어요, 이제 동현 선장님이라고 불러야겠군요?"

밝은 표정으로 내려온 크리스의 손에는 견장 두 개가 들려 있었다. 견장에는 선장을 뜻하는 네 개의 금줄이 수 놓여 있었다. 크리스는 한 손으로는 나에게 견장을 건네주고, 다른 한 손으로는 악수를 청했다. 그러며 잠깐이지만 분명하게 엄숙한 표정을 지었다.

"선장님, 제가 한 말 잊지 마세요. 알겠죠?"

"네, 꼭 그러겠습니다."

크리스가 했던 말을 되짚을 새도 없이 매니저 린이 다가왔다. 그리고 크리스와 내가 나란히 선 모습을 사진에 담는 걸 마지막으로, 나는 어엿한 선장이 되었다.

"날씨 한 번 엄청 좋네! 이봐, 동현 선장! 조금 이따 맥주 한잔 어때?"

함께 프로그램을 이수한 일등기관사, 아니 이제는 기관장이 된 안드레아스가 내 어깨를 치며 한 말이었다.

"좋지!"

상시로 비 오는 스코틀랜드에 화창한 햇살이 드리우던 2024년 7월의 어느 날, 바다에 몸담은 지 10년 만에 동경하던 직함으로 불리게 되었다. 그것도 지구 반대편 영국 글라스고에서. 다시 한번 내 직함을 바라봤다.

Captain,

Donghyun Lee

선상에서 SNS, 문제 없을까?

배는 오랫동안 외부와 단절된 공간이었지만, 위성통신과 스타링크 같은 선상 인터넷의 보급으로 상황이 크게 달라졌다. 선원들은 유튜브, 인스타그램, 틱톡을 통해 일상과 항해 장면을 실시간으로 공유하고, 이는 바다와 선원의 삶을 친근하게 보여주며 젊은 세대의 관심과 유입을 이끄는 긍정적 효과를 낳고 있다.

그런 동시에 조심해야 하는 부분도 있다. 사진과 영상에는 선박 구조나 항로 등 민감한 정보가 노출될 수 있고, 안전수칙을 지키지 않은 장면이 노출되면 회사의 안전 상태가 의심받는다. 심지어 근무 중 촬영은 집중력 저하로 이어질 위험도 있다. 따라서 SNS는 선원의 자유로운 표현 창구이자 홍보 수단이면서도, 보안과 안전을 위협할 수 있는 위험 요인이 된다. 결국 중요한 것은 회사 정책과 선장의 허가를 존중하며, 허용된 범위와 안전 규정을 지키는 것이다. 바다 위 SNS의 가치는 균형 속에서만 유지될 수 있다.

V

선장이 바라보는 바다의 풍경

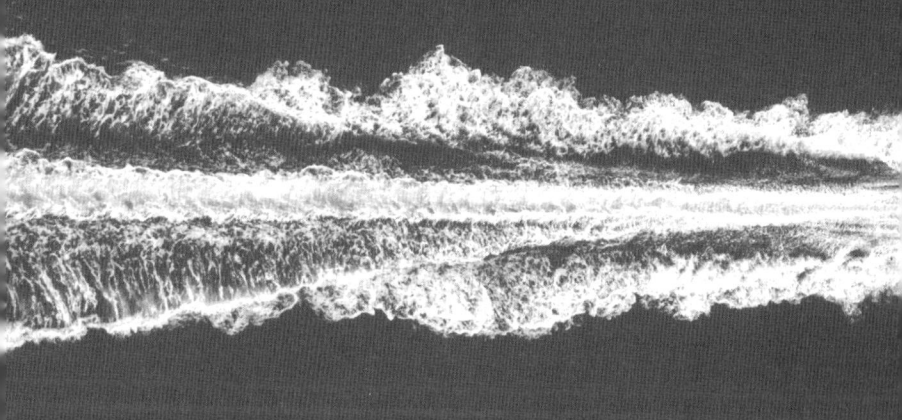

선장으로 타는
첫 배

"축하해!"

"이동현 선장님, 초고속 승진 축하해~!"

내 20년 지기 친구, 동생과 친척 동생의 커플이 축하를 건넸다. 친구 녀석이 오랜만에 저녁을 먹자고 하더니, 내 진급을 축하하기 위한 깜짝 파티가 준비되어 있었다. 아내가 한 달 전부터 내 동생이며 친구들을 비롯해 가까운 지인들을 모아 준비한 파티였다.

말 그대로 깜짝 놀라 말도 안 나왔다.

"아니… 뭐야, 이게?!"

일몰의 운치가 고스란히 눈에 들어오는 레스토랑이었다. 이탈리아풍의 레스토랑 2층에 우리의 파티를 위해 마련된 긴 테이블에는 선장 진급을 축하하는 케이크가 놓여 있었다.

"나도 몰랐어, 정말로 진급할 줄은…!"

"정말 고생 많았어. 외국에서 그동안 얼마나 고생이 많았는데!"

파티에는 여러 선물도 있었다. 만년필과 명패, 벨트까지. 다 선장이 사용하는 용품들이었다. 저들끼리 여러 의견을 나누며 알아보고 준비한 게 눈에 훤했다.

"우리 와이프가 고생을 제일 많이 했지. 믿고 기다려줘서 정말 고마워."

축하의 스포트라이트가 나에게만 비칠 때, 보이지 않는 곳에서 묵묵히 가정을 지켜준 아내에게 고마움을 전하고 싶었다. 그녀 없이는 어떤 것도 해낼 수 없었으리란 걸, 난 정말로 잘 알았다. 우리만의 축제는 지난 10년간의 뱃일을 안주 삼아 늦게까지 이어졌다.

그 이후 3개월의 휴가는 쏜살같이 지나갔다. 내가 모아둔 유급휴가는 150일쯤이었는데, 그중 90일을 쓴 것이다. 그리고 회사의 메일 한 통을 받았다.

Master Donghyun Lee, Joining schedule

선장으로서 지휘하는 내 인생의 첫 배가 결정 난 것이다. 설렘이 가득한 채로 메일을 열었다.

"이 배는…!"

익숙한 선명이 내 눈에 들어왔다. 'Seapeak Methane'. 바로 4년 전 일등항해사 진급 면접에서 떨어져 이등항해사로 승선했지만, 면접을 보고 선상에서 진급해 일등항해사로 하선했던 배였다. 일등항해사로 탔던 첫 배에 선장으로도 처음 승선하게 된 것이었다.

"뭐야? 어떤 배야? 좋은 배야?"

와이프는 내가 나쁜 배에 오를까 봐 노심초사하며 발을 동동 굴렀다.

"아주 좋은 배야, 아주 재밌는 배이기도 하고."

난 미소 지으며 답했다.

이동현 선장의 첫 지휘

2024년 9월, 난 태국행 비행기에 몸을 실었다. 선박이 약 9만 톤의 액화가스를 하역하기 위해 정박한 태국에서 승선하기로 되어 있었다. 9월의 태국은 상상을 초월할 만큼 더웠다. 도착 후 쉬는 1박 2일 동안 잠깐 호텔 앞에 산책 겸 나가서 현지 음식을 먹어본 것 외엔 관광할 엄두도 나지 않을 만큼.

다음 날, 현지 에이전트가 나를 비롯한 승선자들을 픽업하기 위해 큰 밴을 끌고 호텔로 왔다.

"이동현 선장님?"

"네, 접니다."

7명의 승선 인원을 한데 모아 인원 체크를 하는데, 에이전트가 처음 불러준 '선장'이라는 호칭이 아직은 어색했다.

두 시간 정도 차로 이동해 출국 수속을 밟고, 한 시간을 더 달려서야 배가 접안한 하역 터미널에 도착했다. 보통 액화가스 터미널은 국가 보안 시설로 분류되고, 보안이 삼엄해 사진도 함부로 찍지 못한다. 경비가 엄중한 지역을 가로질러 네 번의 보안문을 지나고 나서야 저 멀리 내가 승선할 배가 희미하게나마 눈에 들어왔다.

배 길이 270미터, 만재배수량 13만 톤, Seapeak Methane이라는 이름의 LNG선은 아래는 사파이어색으로, 위는 눈처럼 새하얀 흰색으로 단정하게 도장되어 있었다.

선박 바로 옆에 밴이 서고, 우리는 차례대로 차에서 내렸다. 나는 두 개의 캐리어를 끌고 선박으로 걸어갔는데, 선박이 유달리 커 보였다. 10년이나 타온 배인데, 갑자기 '이렇게 큰 걸 내가 조종할 수 있을까…?' 라는 생각이 뜬금없이 들었다.

갱웨이를 통해 선박에 올라가니 갑판원이 유쾌하게 인사했다.

"선장님, 제가 짐 들어드리겠습니다."

"고맙습니다."

갑판원의 도움으로 큰 짐을 선실까지 무사히 옮긴 뒤, 배를 한 바퀴 둘러볼 수 있었다. 5년 전의 모습 그대로였다. 내가 이항사 때 붙여놓은 포스터가 아직 그대로 붙어있는 곳도 있었다.

"어서 와요, 반갑습니다. 난 앙킷 선장입니다."

"앙킷, 반가워요. 난 동현이에요."

전임 선장은 인도인이었는데 우리 회사에서만 10년을 일했고, 선장으로는 세 번째 배라고 했다. 보통이라면 내일 출항할 때 기존 선장은 내리고 내가 지휘를 맡았겠지만, 난 초임 선장이기에 회사 규정상 한 달 정도 전임 선장과 함께 승선하며 트레이닝을 받아야 했다. 메뉴가 그랬던 것처럼.

함께 승선한 선원들의 국적은 언제나처럼 다양했다. 이탈리아 일등항해사와 인도 이등항해사, 필리핀 삼등항해사, 아일랜드 기관장, 알제리 일등기관사, 러시아 전기기사, 미얀마 화물기관사, 영국 이등기관사, 크로아티아 삼등기관사 등이었다.

출항 두 시간 전, 근무복으로 갈아입고 선교로 향했다. 커피도 한잔하고, 선교도 한번 둘러볼 셈이었다. 선교에선 인도 이등항해사가 출항 준비에 한창이었다.

"좋은 아침입니다, 선장님!"

본인을 '슈밤'이라고 소개하던 이등항해사는 꽤 경력이 있어 보였다. 빠릿빠릿하고 신속하게 출항 준비를 해나갔다. 전에 탔던 배에 관한 이야기와 서로의 이력을 말하다다 보니 그가 이등항해사로 진급하고 처음 승선했다는 사실도 알게 됐다.

"그래요? 일이 능숙해 보여서 이등항해사 꽤 오래 한 줄 알았어요!"

"칭찬 고맙습니다, 선장님! 그래도 제 머리가 괜찮은 편인가 봐요. 하하!"

유쾌하고 호탕한 이등항해사는 나를 굉장히 많이 도와줬다. 아니, 내 목숨을 살려준 것이나 다름없을지도.

첫사랑은 항상 아픈 법

외국 선장들이 자주 쓰는 관용구 중 '첫사랑은 항상 아픈 법First love always hurts'이라는 말이 있다. 이 말의 의미는 짐작대로, 첫 선장으로 부임한 배에서는 항상 사건 사고가 잘 일어나기 때문이다. 다만 안 좋은 일에 굳이 '첫사랑'이라고 부르는 연유는 제법 흥미롭다.

서양에서 배는 아주 오래전부터 여성 의인화되어 왔다. 고대 이집트나 그리스 신화에서도 등장할 정도로 유서 깊은 관습이다. 배를 영어의 대명사로 쓸 때도 'It'이 아닌 'She'로 쓴다. 바다 위에서 "How old is she?"의 의미는 나이에 관한 질문이 아니라 배의 연식이 얼마나 됐는지 물어보는 표현이고, 심지어 선박에 페인트 작업을 할 때에도 '페인트칠한다'라는 표현보다는 '화장한다'라는 표현을 즐겨 쓴다.

  이런 관습의 전래에는 몇 가지가 있지만, 그중 가장 유력한 설은 배가 험난한 바다에서 선원들을 지켜주는 여신이라고 믿었다는 것이다. 현대 이전에만 해도 보호와 안정의 의미가 모성애와 연관이 있었기에 배 맨 앞부분, 선수에 여성 형상의 선수상을 장식하기도 했다. 여성으로 의인화된 선박을 지휘하는 선장은 주로 남성이니, 첫 지휘를 맡은 배를 첫사랑이라고 표현한 것이다. 물론 요즘 시대에는 'She'라고 의인화하는 경우가 예전처럼 많지는 않지만, 교양으로 알아 두면 어디선가 한 번쯤은 써먹을 법한 이야기다.

  물론 나에게도 그 첫사랑은 어김없이 아팠다.

2024년 11월 5일. 남지나해, BF3, 파고 1m, 날씨 맑음

  아침 7시에 선교에 올라와 커피를 한 잔 내렸다. 따뜻한 에티오피아산 커피 향이 선교를 가득 채웠다.

  하루만 더 지나면 인수인계가 끝나는 날이었다. 곧 이 배의 지휘권이 공식적으로 내게 넘어온다는 의미였다. 배나 선원들에 대한 파악은 얼추 끝났다. 4년 전에 승선했던 배였기에 특별히 어려운 점도 없었고, 모든 것이 자연스레 잘 흘러갔다. 아, 하나만 제외하고 말이다.

  "삼항사, 별일 없어요?"

인도인 삼등항해사는 이번이 첫 항해였다. 실습을 마치고 올라온 초임이었기에 실수도 많고 업무능력도 아쉬웠다. 누구나 실수할 수 있고, 그런 과정을 통해 성장한다는 걸 나도 잘 알고 있다. 나 역시도 그렇게 성장했으니까. 다만 이 삼등항해사는 이런 점을 감안하고도 주의와 관찰을 요했다.

"네 선장님 별일 없습니다! 모든 게 완벽합니다!"

그는 내가 말을 걸면 항상 군기가 바짝 든 신병처럼 하던 일을 멈추고 경직된 어투로 말했다.

"그래요? 그럼 앞에 저건 뭐예요?"

"저건… 아….'

물표 탐지용 3GHz 레이더인 S 밴드 레이더에는 본선 3마일 앞에 점 하나가 깜빡였다. 물표가 탐지되었다는 뜻이다.

난 이미 어선이 우리 배 앞에 있다는 걸 알았다. 사실 너무 당연했는데, 커피를 타러 선교에 올라온 순간부터 어선 하나가 내 시야에 들어왔기 때문이다. 눈대중으로 대충 5마일 정도 되겠거니 하고 여유롭게 커피를 타고 레이더 앞으로 가, 삼항사에게 가볍게 물어본 것이다. 그런데 대답은 예상에서 한참 벗어나 있었다. 심지어 점입가경이었다.

"어선이 3마일 앞에 있는데 알지도 못하고, 레이더 알파도 설정 안 해놓고, 타수는 어디 있죠?"

"타수는… 어….'

"본인 당직 타수가 어디 있는지도 몰라요? 지금 바로 불러

봐요."

 삼등항해사는 꺼져있는 무전기를 켜서 타수를 부르려 했다. 이렇게 새로운 문제도 다시 하나 드러났다. 무전기가 꺼져있다는 것은 타수와 교신 확보가 되지 않고 있다는 뜻이었으니까.

 "흠…."

 난 한숨을 쉬고 어선을 피항한 뒤 내려갔다. 아직 내가 이 배의 정식 선장이 아니었기에 당장 어떻게 할 수는 없지만, 내일부터 지휘권을 맡고 나서 내게 배속될 될 선원들이었기에, 내가 앞으로 맞닥뜨릴 일과 다를 바 없었다.

 "앙킷, 나 좀 봐요."

 난 인도 선장에게 손짓하며 대화를 시작했다.

 "08-12 당직 삼항사, 저번에도 이상하다고 했죠?"

 "맞아요. 근데 뭐, 첫 배잖아요?"

 "첫 배라도 본인 일을 저렇게 못 차고 나가는데… 저번에는 화재 훈련 때 알람 울리라니까 진짜 비상 화재 알람 버튼 부셔서 실제 알람을 울린 거 기억 안 나요? 혹시 퍼포먼스 트랙이나 중간 고과 했어요?"

 "아뇨, 대신 내가 불러서 몇 번 주의 주긴 했어요."

 "…."

 인도 선장의 의도는 훤했다. 이제 곧 내릴 텐데 괜히 회사에 보고해 일을 만들기 싫은 게 분명했다. 원칙대로라면 해당 선원은 선장과의 면접 이후 역량 향상 프로그램을 이수해야 하는데, 조치하지 않은 것이다. 이 말은 이후에 삼등항해사가 사고라도 치면 내가 오롯이 모든 책임을 뒤집어쓰게 될 것이라는 뜻이기도 했다.

"일단 보죠. 내가 내리기 전에 중간 고과 줄 때 개인적으로 다시 얘기해볼게요. 근데 회사에는 굳이 보고하지 마요, 괜히 피곤해져요."

좋게 좋게 가자는 뉘앙스였다. 나는 계속 찜찜했지만, 아직 지휘권이 넘어오지 않았기에 지켜보는 수밖에 없었다.

그럼 그렇지, 설마가 사람 잡는다

2024년 11월 6일. 남지나해, BF3, 파고 1m, 날씨 맑음

그날은 말레이시아에 입항을 6시간 앞두고 입항 준비에 한창 바빴다. 나 또한 선장실에서 몇 시간 후에 있을 공식적인 선장 인수인계를 위해 이런저런 파일을 들여다보고 있었다. 오전 11시쯤 됐을까, 선장실에 전화벨이 울렸다.

"따르르릉!"

사실 난 아직 공식적인 선장도 아닌 데다가 남의 방, 정확히 말하면 아직은 전임 선장의 방에서 서류를 보고 있었기에 내가 전화를 받으면 안 됐다. 하지만 전임 선장이 자리를 비운 상황인지라 부득이하게 내가 수화기를 들어야 했다.

"네, 선장실입니다."

수화기 너머로는 우물쭈물하는 인도 삼항사의 떨리는 목소리였다.

"선장님. 잠시 선교로 올라와서 도와주시겠습니까? 앞에 배 한 척이…."

난 본능적으로 뭔가 잘못됐음을 느끼고서 그 말이 끝나기도 전에 선교로 뛰기 시작했다. 평상시에 선장에게 전화하지 않기로 악명 높은 삼등항해사였는데, 그런 선원이 전화했다는 자체가 확실한 신호였다.

벌컥 선교 문을 여니 눈부신 별이 파도에 반사되어 눈을 때렸다. 광량이 차츰 조절되자, 커다란 배 한 척이 우리 배 바로 우현 쪽으로 다가오고 있는 게 보였다. 누가 봐도 우리 배와 곧 충돌할 게 뻔했다. 선박 간 통신에 사용되는 초단파 무선설비 VHF에서는 우리 배의 선명을 부르며 지금 당장 선장을 데려오라는 고성이 끊이지 않고 있었다.

난 본능적으로 레이더 앞으로 뛰어가 상대 선박과의 거리를 확인했다. 0.5마일. 우리 배가 오른쪽으로 틀기엔 각도가 너무 좁았다. 그나마 주변에 다른 선박이나 장애물은 없었다. 삼등항해사가 안절부절못하며 계속 재잘거렸지만 내게는 들리지 않았다. 돌이켜보건대 난 집중력을 최대로 발휘하기 위한 각성상태였던 것 같다.

"수동 조타 실시Hand Steering!"

"수동 조타 실시Hand Steering!"

내가 조타수에게 수동 조타를 명령하자 조타수는 기다렸다는 듯 복명복창 후 수동 조타를 개시했다.

"좌현 전타Hard Port!"

"좌현 전타Hard Port!"

10만 톤에 육박하는 선박이 엄청난 굉음과 진동을 일으키며 좌측으로 머리를 돌려댔다. 자동차로 치면 핸들을 왼쪽으로 끝까지 꺾은 셈이었다. 그러면 배에서는 '킥' 현상이 동반되는데, 회전할 때 앞바퀴가 회전 방향으로 즉각 돌아가는 자동차와는 다르게, 선박은 프로펠러와 타가 배의 후미에 위치해 선박의 뒷부분이 회전하고자 하는 반대 방향으로 움직이는 현상을 뜻한다. 그래도 0.5마일 정도의 거리에서는 무시해도 될만한 현상이라 다행이었다.

선박의 선수를 나타내는 자이로 리피터Gyro Repeater의 판이 빠른 속력으로 돌아갔다. 270도… 260도… 250도…. 원경로, 즉 본침로에서 40도 이상 꺾이니 선속이 빠르게 줄었다. 한 바퀴 돌리는데 6~7분 걸리는 대형 선박인지라 꺾이는 속력이 느렸지만, 정말 다행히 우리 선박은 상대 선박과 비켜 가는 데 성공했다.

"우현에 있는 선박 안전히 통과했습니다, 선장님!"

선박을 통과하고 선교에서는 무거운 침묵이 흘렀다. 나는 본침로까지 선박의 항로를 돌려놓고 삼십 분 정도 항해를 계속했다.

"삼항사, 조선권 이양합니다. 항해 계속하세요. 그리고… 당직 끝나면 선장실로 보고하세요."

나는 선장실로 내려와 삼항사가 내려올 때까지 자리를 지켰다. 당직이 끝나고 차례로 내려온 삼등항해사와 당시 선교에 있던 이등항해사 슈밤을 비롯해 조타수, 실습항해사 등 주변인 모두와 일대일로 대면하며 어떤 상황이었는지 사고 경위를 조사했다.

삼등항해사가 실습항해사, 조타수 셋이서 함께 항해하며 우현 쪽에서 VLCC가 충돌 경로로 접근하고 있는 사실을 인지했다. 길이가 333미터에 달하고 무게는 30만 톤에 육박하는 초대형 원유선이었다. 삼등항해사는 그 선박과 교신하려 했지만 엉뚱하게도 그 선박명과 비슷한 다른 선박을 호출했고, 결국 상대 선박이 알아서 피할 것이라 지레짐작하며 아무런 피항 조치를 하지 않은 것이었다. 물론 통항법을 무시한 처사였다.

그 당시 잠깐 선교에 들린 이등항해사 슈밤이 뭔가 이상한 낌새를 눈치채고, 문제의 삼항사에게 선장님께 도움을 청하라고 했다. 하지만 자존심이 센 삼항사는 혼자 처리할 수 있다며 이를 거부했고, 사태를 지켜보던 이항사가 걷잡을 수 없는 상황으로 치닫고 있음을 느끼고는 "선장님을 부르지 않으면 내가 당장 내려가서 직접 모시고 오겠다!"라고 소리 질렀다고 한다. 내가 받은 전화는 그렇게나 어렵게 걸려온 것이었다.

아직 정식 선장은 앙킷이었지만, 내게도 책임이 없지는 않았다. 그는 일등항해사와 면담하던 중었는데, 만약 우리 배가 그 VLCC와 충돌했다면 난 선장이 되자마자 인도 선장과 함께 태국 사법기관에 끌려가 조사를 받았을 것이다.

그 이후 나는 회사에 경위서를 제출했다. 삼등항해사는 회사에 보고된 다음 주에 바로 교대되었고, 회사에서 '재고용 불가' 판정을 받았다고 들었다. 지금 생각해도 등골이 서늘한 순간이 첫 선장 항해에서 일어난 것이다.

한 이등항해사의 용기 있는 결단이 우리 선박과 나를 구한 것이나 다름없었다. 사고를 친 것도 부하 직원이었고, 그 수습의 실마리를 제공한 것도 부하 직원이었다. 정말 운이 좋았다고 말할 수밖에야. 나는 선장으로의 첫 승선에서 '인사가 만사다'라는 격언을 첫사랑의 아픔처럼 잊을 수 없게 됐다.

타수와 당직의 역할

상선은 거대한 기계장치처럼 절로 작동하는 것 같지만, 실제로는 항해사와 타수 등 선원들의 협력으로 움직인다. 항해사는 선장의 대리인으로, 4시간 단위의 당직 체계에 따라 선교에서 항로를 점검하고 충돌을 예방하며 보고한다. 직접 키를 잡는 것이 아니라 명령을 내리는 역할이다. 반면 타수는 항해사의 지시를 받아 실제로 키를 조작한다. 평상시에는 자동조타 장치, 즉 오토파일럿이 작동하지만, 항구나 협수로에서는 타수가 수동 조타하며 항해사의 명령을 복창, 실행, 보고하는 절차를 따른다. 항해사가 머리라면 타수는 손끝으로 움직임을 구현하는 몸인 셈이다.

이때의 조선은 작은 실수도 대형 사고로 이어질 수 있어 그 명령 체계가 군대식 절차에 가까우리만치 엄격히 이뤄진다. 또한 입출항이나 협수로 통과 등 중요한 순간에는 선장이 직접 승교하여 조선을 맡고, 항해사와 타수는 이를 보조한다. 결국 선박의 운항은 철저한 역할 분담과 긴밀한 협력 속에서 유지되는 것이다.

36개국 선원과
함께 일한다는 것

거듭 이야기하듯 우리 회사의 특징 중 하나는 다국적 직원이 일하는 글로벌기업이라는 점이다. 한국 선사는 보통 전 선원이 한국인이거나, 한국인 이외에 타 국적인이 있더라도 1, 2개국 정도이다. 하지만 우리 회사는 총 36개 국적의 선원이 근무한다. 한 배에 30명 내외의 인원이 승선하고, 국적은 보통 10개국 정도로 분류된다.

이렇다 보니 여러 해프닝이 있을 수밖에 없다. 가장 먼저 먹는 것, 음식만 하더라도 굉장히 어렵다. 음식 담당 부서를 사주부司廚部라고 하는데, 사주부의 노고가 대단하다. 종교에 따라 돼지고기나 소고기를 안 먹는 사람은 기본이고, 개인의 신념이나 식성에 따라 채식주의자도 간간이 있는 편인데, 이 모두에 맞춰 식단을 짜고 요리해야 한다. 사고방식도, 위생

관념도, 기본적인 문화도 모두 다르다.

 이처럼 다른 사람들이 모여있다 보니 재밌는 일도, 때로는 안타까운 일도 발생하곤 한다. 물론 이런 일들은 내가 선장이 되기 이전부터 주욱 있어 왔으니, 이 기회에 이야기를 한 번 풀어볼까 한다.

콜 미 마이 네임

 해외여행만 나가도 쉽게 알 수 있는데, 외국인에게 한국인 이름은 발음이 어려운 편이다. 또 우리나라 이름은 성이 앞에, 이름이 뒤에 쓰인다. 유교 문화권에서만 보이는 표기 방식인데, 이런 문화와 방식을 공유하는 나라는 한국과 중국, 일본, 베트남, 그리고 예외적으로 헝가리 정도이다. 그 외의 나라에서는 대부분 이름이 앞에, 성이 뒤에 나온다.

 내가 이항사로 처음 우리 회사에 입사했을 때, 모두 나를 Lee라고 불렀다. 내 이름을 물어볼 때 '동현'이라고 알려줘도, 동흔, 똥윤 등 비슷한 듯 전혀 다른 발음으로 불렀고, 다음 날엔 동현이란 이름마저 자기들 편한 대로 반을 날려버려 Dong이라고 부르는 꼴을 보고는, 자포자기한 심정으로 Lee라고 부르라고 했다.

 첫 배에서 만난, 정년을 앞둔 영국 기관장 피터는 유쾌하고 호탕한 사람이었다. 그는 나를 마주칠 때마다 "Bruce Lee! Bruce Lee!"라고 장난치곤 했다. 하지만 내 이름을 '동현'이라고 정확히 알려주자, 다음날 식사 자리에서 나에게 다가와 "Good morning, 똥훈!"이라고 나를 불렀고, 그 이후에도 계속해서 내 이름을 '똥훈'이라고 불렀다. 조금 웃기기도 했지만, 애써 안되는 발음으로라도 이름을 부르려 노력해준 그의 마음이 내심 고마웠다.

선장 진급을 위해 글라스고 본사에서 두 달간 근무하면서도 좋은 사람들을 많이 만났다. 나를 처음 소개할 때 "내 이름은 동현이지만, 부르기 어렵다면 Lee라고 불러도 괜찮다. 하지만 내 이름을 연습하고 싶다면 언제든 내게 오면 알려주겠다"라고 하니, 사람들이 하나둘씩 내 이름을 불러줬다. 첫 한국인 친구의 이름을 제대로 부르고 싶다는 마음이었다고 한다.

이에 관한 다른 해프닝도 있었다. 그 당시 내 이름을 육상 직원 시스템에 올릴 때, 직원이 Donghyun이 아니라 Dong만 넣고서, Hyun을 미들 네임에 쓴 것이다. 우리나라에는 미들 네임이 없는 걸 간과한 실수였겠지만, 많은 사람들이 나를 Dong이라고 부르는 계기가 되긴 했다.

Dong이라고 불린다고 문제 될 건 없었다. 여태 Lee라고 불렸는데, 이름의 반이라도 제대로 불러준다니 오히려 괜찮은 것 같기도. 두 달의 지상 근무 막바지쯤, 친하게 지내던 항해사 출신이자 사내 변호사인 친구 에먼이 Dong의 의미를 알려주기 전까지는 분명 그렇게 생각했었다.

"동현, Dong이라는 단어가 슬랭인 거 알아?"

에먼과 펍에서 맥주를 마실 때 나온 이야기였다. 에먼은 뭐가 그리 재밌는지 연신 실실거리며 내게 말했다. 그 웃음에서 불길함을 느낀 나는 살짝 걱정되는 표정으로 그를 쳐다봤다. 그러자 그는 중요한 비밀이라도 속삭이는 듯했다.

"어이, 친구. 영국 영어에서 Dong은⋯ 남자 거시기를 뜻한다고!"

"뭐라고?! 진짜야?"

내가 고개를 앞으로 내밀며 다시 물어도 답은 변함없었다.

"어, 너만 모르는 거야."

"아니, 정말 Dong이 그런 뜻이라고?!"

에먼이 이제 웃음을 참지도 않고 박장대소했다.

"응. 너 얼른 인사팀에 이야기해서 이름 제대로 고치라고 해!"

"그걸 왜 이제 말해줘! 아니 잠깐⋯ 그럼 아침마다 내 뒤를 지나가며 'Good Morning, Dong'이라고 한 사람들은 도대체 무슨 생각이었던 거야?!"

나도 결국 에먼을 따라 박장대소할 수밖에 없었다.

두 달의 프로그램이 끝나기 하루 전, 나의 선장 진급이 확정되고 나서 매주 금요일 아침 9시에 전 직원이 모인 회의의 프레젠테이션을 맡았다. 그 자리의 마무리로 지난 두 달의 프로그램에서 느낀 점과, 배로 다시 돌아가기 전 육상직원들에게 고마웠다는 말을 전했다. 그리고 자리의 끝맺음으로 그 이야기를 꺼냈다.

"아, 맞아요. 그리고… 두 달 전 저를 소개할 때, Lee이든 Dong이든 아무렇게나 불러도 된다고 했던 걸 모두 기억하실 겁니다. 하지만 이젠 안 되겠어요. 왜냐하면… 저도 Dong의 숨은 뜻을 알게 됐거든요! 아침마다 제게 'Good morning, Dong!'이라고 인사해준 분 모두 부디 별다른 뜻이 없으셨길 바랍니다!"

"너만 모르고 있었어!"라는 듯, 엄청난 웃음소리가 났다.

"Dong! 정말 미안해. 하지만 우리도 의도한 건 아니었어!"

LNG사의 총선단장 제임스가 모두를 대표하여 답했다.

"네, 알아요. 제임스, 그래서 이제부터 꼭 Donghyun이라고 불러주시길 간곡히 부탁드리고, 그래도 Dong이라고 불러야겠다 싶으면 억지로 말리지는 않겠지만 앞에 꼭 Big을 붙여주세요."

이 말에 폭소를 넘어 커피를 뿜는 여직원이 있을 정도였으니, '빅동현'의 위력을 보여준 셈이다.

그 이후로도 내 이름을 정확히 부르는 사람은 많지 않았지만, 선장이 되고 나서 깨달은 게 하나 있다. 사람들이 내 이름을 정확히 부르지 않았던 이유는 그렇게 불러도 별 상관없었기 때문이기도 하다는 걸.

선장이 되고 나서는 배에서 나의 이름을 잘못 부르는 사람이 한 명도 없다. 사실 선장의 이름을 부를 일도 별로 없긴 하지만, 내 이름을 꼭 불러야 할 상황이 닥쳤을 땐 모두 'Captain Donghyun'이라고 정확히 부른다.

국적이 중국이라 슬픈 선원

2019년, 우한에서 시작된 코로나는 전 세계를 뒤흔들었다. 그 충격은 어떤 의미에서 물보다도 바다 위에서 더 오래, 더 깊게 이어졌다. 입항은 허용되었지만, 하선은 대부분 금지됐었다. 교대 인원이 탑승할 수는 있어도 교대 대상자는 배에서 내리지 못했다.

각국은 자국 방역 기준을 앞세워 선원 교대 조건을 다르게 설정했고, 이를 하나하나 개별적으로 확인하기 힘든 선원들 간에 각국의 기준을 일일이 정리해 공유하는 사이트까지 생길 정도였다. 그만큼 나라별로 지침이 제각각이었고, 선원들은 배에 갇힌 채 수개월을 보내는 상황이 흔해졌다.

물론 저마다 국민을 지키려는 조치였다는 걸 머리로는 충분히 이해했지만, 이 조치가 선원들에게 얼마나 가혹했는지는 또 다른 문제였다. 바다 위에서 자의와 무관하게 몇 달째 뭍을 밟지 못하는 서러움은, 겪어본 사람들끼리만 공감할 수 있는 지점이 있었다.

특히 감염자가 급증한 국가의 선원들은 더욱 고립됐다. 어떤 항구에서는 지난 2주간 해당 국가에 체류한 기록이 있으면 하선 불가였고, 심지어 출신국 국적만으로도 내릴 수 없다는 결정이 내려지기도 했다.

억울한 사례는 도처에 널리고 널렸다. 인도에서 태어나 캐나다에서 5년 넘게 거주 중인 인도인 일등기관사가 있었다. 그는 인도의 코로나 감염자 수가 급증하자 인도 국적이라는 이유 하나만으로 하선이 거부되었다. 인도 땅을 밟은 지가 5년도 더 됐는데 말이다. 하지만 내가 지금껏 본 선원 중 가장 억울했던 사람은 그조차도 아니었다. 중국 국적의 한 이등기관사가 그 당사자인데, 그 친구는 2020년에 승선해 꼬박 1년을 배에서 내리지 못했다.

그가 겪은 상황은 사실 논리적으로는 너무 단순했다. 그는 우한 출신이었으니까. 세계 각국의 여권에는 이름, 성별, 출생연도를 비롯한 공통 항목이 있는데, 중국 여권에는 이 이외에도 출생 지역이 명기되어 있다. 그리고 그 친구 여권의 출생 지역에는 '우한'이라는 도시명이 찍혀 있었다.

그는 우한에서 태어나자마자 다른 지역으로 이사했고, 이후로 우한에 한 번도 가본 적이 없다고 했다. 하지만 어쩌겠는가. 여권에 떡 하니 쓰여 있는 '우한'이라는 단어가 장벽이 되어 그의 하선과 교대를 막았다. 그도 그럴것이 우한은 이 상황을 초래한 재앙의 진원지였으니까. 다른 선원들은 3개월 계약이 끝나고, 그래도 5~6개월이면 하선할 수 있었다. 그러나 그 친구는 하선이 계속 거부되었고, 결국 1년을 꼬박 배에서 있을 수밖에 없었던 것이다. 모든 절차가 규정대로 이뤄졌지만, 그 누구도 그것에 관해 말을 꺼낼 수 없었다.

러시아-우크라이나 전쟁의 그림자

2022년, 러시아-우크라이나 전쟁이 발발하자, 우리 배 안에서도 묘한 긴장감이 감돌았다. 특히 러시아 선원과 우크라이나 선원이 한 공간에 있을 때는 선명한 긴장감이 느껴질 정도였다. 서로 말을 아꼈고, 눈을 마주 보지 않았다. 적어도 내가 탔던 배에선 그들 사이에 직접적인 충돌은 없었다. 하지만 그들을 바라보는 나머지 선원들도 잔뜩 긴장한 채로 있을 수밖에 없었다.

내가 탔던 배에는 러시아 선장님과 우크라이나 전기기사가 함께 있었다. 특유의 호방함과 거친 바닷사람의 기풍이 닮은 그 둘은 전쟁이 발발하기 전만 해도 사이가 무척 좋았다. 하지만 전쟁이 발발하고 나자, 겉으로는 별문제가 없었지만 분명 미묘한 기류가 흘렀다. 이전에는 그 호방함과 터프함이 둘을 이어주는 윤활 작용을 했지만, 이제는 충돌의 도화선이 된 것 같았다.

전기기사는 미혼이었고, 남아프리카에 거주 중이라 전쟁과는 거리가 있어 보였다. 그래서 선장님과 그는 업무적으로 부딪힌 적도 없었고, 가끔은 선상 맥주도 같이 마셨다. 하지만 모두가 느낄 수 있었다. 대화가 길어질수록 서로 말끝을 조심한다는 것. 아무 말도 하지 않을 때조차, 서로에게 말할 수 없는 '무엇'이 있다는 것.

얼마 후 나는 다른 배에 탔다가, 몇 달 만에 다시 그 배에 타게 되었다. 이후 우연한 기회에 선장님과 술잔을 기울일 때였다. 선장님이 나를 부르더니 조용히 말했다.

"저번에 그 전기기사 기억나지? 우크라이나 친구."

"네, 왜요?"

"다시는 못 볼 거라고 하더군. 연락이 왔는데… 퇴사하고 자원입대했다고 하네."

"…전쟁터요?"

선장님은 복잡한 표정으로 지그시 고개를 끄덕이셨다.

"가족이 죽었다 하네. 그 소식 듣고 바로 입대했다더군."

바다의 풍습, 적도 통과 의식

바다는 잔잔하다가도 순식간에 폭풍을 일으키는 두 얼굴을 지녔지만, 항해 중 선원들에게 웃음을 주는 전통도 있다. 대표적인 것이 적도 통과 의식(Equator Crossing Ceremony)이다. 선원이 적도를 처음 건너는 날, 선박은 바다의 신전으로 변하고, 선원 중 한 명이 포세이돈으로 분장해 그를 시험한다. 적도를 처음 넘는 신참은 폴리왁(Pollywog), 즉 올챙이라 불리며 밀가루 세례, 괴상한 음식 먹기, 얼음물 샤워 등 우스꽝스러운 장난을 겪는다. 예전에는 과격하게도 진행됐지만, 지금은 안전하게 웃고 즐길 수 있는 행사로 바뀌었다.

이 풍습은 단순한 장난이 아니라, 고대 포세이돈 숭배와 대항해시대의 전통에서 비롯되었다. 특히 무풍지대인 적도 해역은 범선 시대 선원들에게 생존의 시험대였기에, 이를 통과하는 것은 두려움을 웃음으로 극복하는 통과 의례였다. 의식을 마친 선원은 셸백(Shellback), 즉 바다거북으로 불리며, 진정한 선원으로 인정받는다. 많은 선사에서는 의식 이후에 선원에게 인증서를 발급하거나 기념 도장을 찍어준다. 긴 항해 속에서 적도 통과 의식은 지루함을 덜고 선원들 간의 유대감을 다지는 장치로 기능한다. 오늘날에도 해군과 외항선에서 이어지고 있다. 이 의식은 단순히 재미를 위한 행사 이전에, 바다라는 극한 공간에서 공동체를 묶어주는 중요한 사회적 전통으로 기능한다.

태풍을
헤쳐 나가는 방법

실습항해사 시절, 미국과 멕시코를 횡단하던 작은 탱커에서 항해하던 때에 초대형 태풍 아이작Isaac을 만난 적이 있다. 아이작은 멕시코만을 지나 미국 루이지애나에 상륙해 엄청난 피해를 줬는데, 그 태풍이 멕시코만을 통해 미국으로 올라가던 즈음 해서 우리 배도 그 인근에 있었다. 멕시코만은 사방이 미국, 멕시코의 육지로 둘러싸인 와중에 5시 방향에 대서양으로 이어지는 좁은 입구가 배로 오갈 수 있는 유일한 통로여서, 태풍이 그 입구를 막으면 도망갈 데 없는 생쥐 꼴이 되고 만다.

아이작이 쿠바를 거쳐 멕시코만에 진입한 시점에, 우리 배는 막 휴스턴을 출항한 상태였다. 최대풍속 약 130km/h를 기록한 아이작은 멕시코만의 날씨를 뒤바꿔 놓을 정도였다.

5미터 이상의 큰 너울과 50노트가 넘는 강풍이 배의 측면을 강타하는 상황에서, 우리 배는 좌우 20도가 넘는 롤링을 이겨내며 앞으로 꾸역꾸역 나아갔다. 수일 동안 지속되는 황천항해를 처음 맛본 나는 정신을 차릴 수가 없었는데, 그 당시 선장님이 선교에서 팔짱을 끼고 담배를 문 채로 지그시 앞을 응시하던 모습만은 유독 기억이 선명하다.

크지 않은 체구에 까무잡잡한 피부의 선장님은 평소 항해사들에게 유머러스하고 장난치시기를 좋아하는 스타일이었지만, 태풍을 마주할 때만큼은 선교에서 묵묵하게 앞만 바라보고 계셨다. 햇병아리이던 나는 선장님이 원체 오래 배를 타셔서 황천항해도 대수롭지 않으신가보다 지레짐작했었다. 그런데 14년이 지나 내가 선장이 되어 그 상황을 되돌아보니, 선장님이 피우시던 담배들이 선장님의 타들어 가는 마음과 다르지 않았음을 절로 알게 됐다.

태풍이 태어나는 곳

모든 시간을 배에서 일하고 지내는 선원들은 날씨에 민감할 수밖에 없다. 더운 기온은 선원들을 금방 지치게 하고, 선내 에어컨을 조절하게 만든다. 해수 온도가 높으면 바닷물을 냉각수로 활용하는 선박의 기기들에 문제가 생기기 쉽고,

바람이 불거나 파도가 높아 배가 흔들리면 선박 내 작업에도 많은 제약이 생긴다.

 그중에서도 태풍은 가장 유심히, 눈여겨 지켜봐야 하는 기상 현상 중 하나이다. 적어도 일주일 전부터 기상예보를 보며 추적 관찰할 만큼. 선장은 항해사들의 도움으로 선박의 주변 해역 그리고 앞으로 항해할 해역에 태풍이나 열대성 저기압이 생성되는지 확인하고, 최대한 안전한 항로를 최종적으로 결정한다. 때로는 필요하다면 선박을 멈춰 세워 태풍이 지나가기를 기다리거나, 설정된 항로에서 벗어나는 이로를 지시하기도 한다.

 내 첫 선장 항해 때도 태풍을 만났다. 남인도양의 마다가스카르섬 부근을 항해할 때 있었던 일인데, 우리 배는 카타르를 출항해 벨기에로 향하는 중이었다. 목적지까지 최단 거리로 안전하게 항로를 설정해 출항한 지 일주일 만에 이등항해사에게서 연락이 왔다.

"선장님, 이항사입니다."

"네, 말씀하세요."

"전방에 태풍이 생길 거라는 기상예보를 수신했습니다."

"그래요? 알겠어요. 곧 올라갈게요."

 선교에 올라가 기상예보를 보니 우리 배 진로 앞에 태풍이 생길 것으로 예상됐다. 현재시간으로부터 닷새 뒤였다. 하지만 태풍의 현재 전진속력와 예상 진로를 봤을 때, 우리 배 앞을 태풍이 먼저 가로지를 것으로 예상됐다.

"태풍이 아직 그렇게 강하진 않은 것 같습니다, 선장님."

"맞아요, 지금은 그렇죠. 근데 시간이 가면 갈수록 위력이 강해질 거예요. 특히 여름 대서양처럼 뜨거운 바다 위에서 발생할 땐 말이에요."

태풍은 바다에서 태어난다. 따뜻한 바닷물은 수증기를 대기 중으로 증발시키며, 이때 대기로 전달된 열은 태풍의 주요 에너지원이 된다. 태풍은 열을 먹고 자란다고 해도 과언이 아니다. 그렇기에 당장 태풍이 작더라도 따뜻한 수온의 바다 위를 지나갈 것으로 예상된다면, 그 크기가 급격히 커질 거라고 상정해야 한다.

"지금부터 4시간마다 기상예보 확인하고, 해도에 태풍의 현재 위치 및 예상 진로를 기록하도록 하세요. 특이 사항 있으면 바로 보고하고요."

"알겠습니다, 선장님."

태풍은 아직 자그마했지만 앞으로 어떨지는 아무도 몰랐다. 태풍의 진로와 크기는 하루가 다르게 변한다. 아직 인간의 과학력으로는 자연의 변화무쌍함을 정확하게 예측하지 못한다. 태풍이란 선장과 항해사를 가리지 않고 실시간으로 확인하고 주시해야 하는 초미의 대상일 수밖에 없다.

주인 없는 공해상에서도 기상정보를 수신하는 방법은 많지만, 가장 중요한 건 이를 계속해서 주시하는 동시에, 정보를 지나치게 맹신하면 안 된다는 것이다. 다시금 말하되 바다는 변화무쌍하다. 모든 정보를 취합하고도, 모든 가능성을 열어둬야 한다.

"쿵!"

갑작스러운 충격파였다. 선박이 요동치며 굉음을 냈다. 아직 태풍의 중심과 우리 선박 사이의 거리는 약 300마일. 킬로미터로 환산하면 대략 485킬로미터. 남한의 북쪽 끝단에서 남쪽 끝단까지 가로지를 수 있을 만큼 먼 거리였지만, 태풍의 중심에서 퍼지는 너울에 배가 흔들리기에도 부족하지 않은 거리였다. 그래도 다행인 점이 있다면 파도의 방향을 보고 태풍의 위치를 가늠할 수 있었다는 것이다.

태풍의 중심과 점점 가까워질수록 파도는 거세졌다. 하늘에서 진공청소기를 바다에 꽂아놓은 것처럼, 열대성 저기압은 무서운 힘으로 주변 바다의 공기를 빨아들이며 소용돌이치고 있었다.

태풍을 마주한 선박 안에서는

다음 날 아침 7시 30분. 선내 일간회의를 위해 상급 사관이 모두 한자리에 앉았다. 평소처럼 커피와 차, 간단한 다과와 함께 시작했지만, 여느 때와 다른 긴장감이 돌았다.

"자, 우리 앞에 태풍이 있는 거 잘 알 겁니다. 아직 심하진 않아도 어제부터 배가 조금씩 흔들리고 있으니 갑판, 기관부 모두 선원들에게 알리고, 선내에 있는 모든 물건과 기기들 고박 상태 확인하세요."

잠깐 숨을 고르고, 뒷말을 이었다.

"그리고 오늘 RPM을 조금 낮출게요. 12 정도 낮출 건데, 발전기 하나는 끄고 두 대만 기동해도 될 것 같습니다. 그럼 선속은 3노트 정도 떨어질 겁니다."

어젯밤 사이에 수신된 태풍의 최신 정보를 토대로 선박의 감속을 결정했다. 태풍이 우리 배 앞으로 먼저 확실하게 가로질러 가게 한 다음, 우리가 태풍의 뒤를 밟고 지나간다는 계획이었다. 그러면 파도의 충격파가 약해져 선체에 가해지는 스트레스도 줄고, 선박의 롤링도 줄어들 거라는 계산이었다.

선원들도 모두 고개를 끄덕였다. 해당 시점까지의 정보로 도출한 최선의 결정이었고, 태풍을 보내고 천천히 가면 된다는 생각에 모두 별다른 걱정이 없어 보였다. 하지만 내 머릿속은 여전히 복잡했다.

뱃일에는 끊임없이 'what if?'라는 질문을 던져야 한다. 특히 최고 책임자인 선장은 더더욱 그렇다. 선장이 결정하면 선원이 따라온다. 선장의 오판은 선원 모두를 위험에 빠트릴 수 있으니 더욱 그러해야만 한다.

감속 시에 얼마나 감속해야 할지, 감속 후 증속은 언제 할지를 거듭 고민했다. 이때 태풍이 예보대로 우리 배를 지나 간다고 가정한다면 몇 마일 정도 떨어진 후에 어느 정도로 증속할지, 그 증속으로 배가 일정에 맞춰 입항할 수 있을지, 증속에 충분한 연료가 있는지 되뇌었다.

또, 최악의 경우 예보보다 태풍의 전진속력이 낮아진다면 우리 배는 더 감속해야 할 테고, 그러면 다음 항구 입항 일정을 맞추지 못할 가능성도 있었다.

"이항사, 오늘부터 한 시간 단위로 인터넷 기상청에서 태풍 예보 업데이트하고 나에게 알려주세요. 태풍의 전진속력이 전 예보보다 늦어지면 곧바로 저에게 전화하시고요. 한밤중이라도요."

"네, 알겠습니다. 다른 항해사들에게도 전파하겠습니다."

이제 가장 중요한 것은 태풍의 전진속력이었다. 방향과 속력이 변하여 예상 추월 지점에 도착하는 시간이 늦어진다면, 어느 시점에서는 우리가 오히려 증속해서 태풍보다 먼저 지나가는 방안도 고려해야 했기 때문이다.

모두가 나를 바라볼 때

다음날, 아침 미팅 시간. 선원들이 참석한 자리에서 태풍 정보를 갱신했다. 두 시간 전에 받은 최신 정보에 의하면, 태풍의 진로는 변하지 않고 우리 앞을 지나갈 예정이었다. 어제 감속한 결정이 옳았다. 그 시점까지는 그랬다. 그때 회의실 전화벨이 급하게 울렸다.

"네, 회의실 일등항해사입니다."

이탈리아 일등항해사 프란체스코가 전화를 받고, 무거운 표정으로 수화기를 내려놓았다.

"선장님, 방금 삼등항해사가 태풍 예보를 수신했는데, 태풍이 진로를 틀어서 우리 쪽으로 오고 있답니다. 전진속력 또한 줄었답니다."

혹시나 했는데 태풍이 우리 쪽으로 진로를 틀다니, 정말로 큰일이었다. 이렇게 될 줄 알았다면 차라리 어제 속력을 유지해 우리가 태풍의 앞을 가로질러 가는 편이 나았을 텐데. 더군다나 우리 배는 좁은 해협을 통과 중이었다. 오른쪽엔 아프리카대륙이, 왼쪽엔 마다가스카르섬이 있어 다시 돌아가 피할 수도 없었다.

일등항해사의 보고가 끝나자, 회의실의 상급 사관 모두가 나를 쳐다봤다. 그들은 내 결정을 기다리고 있었다. 그때 다시 한번 느꼈다. 다른 누구도 아닌, 내가 선장이라는 것을.

"흠… 좋은 소식은 아니네요. 일단 이 예보도 바뀔 가능성이 있으니, 감속은 유지하겠습니다. 추후의 사항은 제가 올라가서 날씨 정보를 좀 더 확인한 다음에 알려드리겠습니다."

모를 땐 역시 '나중에 알려드리겠습니다'가 답이다. 정확한 정보가 없을 때는 아무리 긴박하더라도 성급히 결정해서는 안 된다. 특히 여러 방식으로 압력이 있을 땐 더더욱 신중해야 한다. 물론 이 역시 상황의 긴급도에 따라 언제든 달라질 수 있지만.

선교에 올라가 3개국의 태풍 예보를 수집했다. 하지만 세 곳의 예보는 모두 같았다. 한 시간 뒤에 다시 태풍의 진로를 확인하자, 태풍이 실제로 진로를 변경하여 우리 쪽으로 방향을 튼 흔적이 있었다. 답답했다. 뭔지 모르게 가슴이 꽉 막힌 듯, 선장으로서 당연히 내려야 할 결정임에도 불구하고 체증처럼 스트레스가 쌓였다.

커피 한잔을 내려 선교 창문 앞으로 다가갔다. 갓난아기의 흔들 침대처럼, 좌우로 조금씩 흔들리는 배 위에서 뻥 뚫린 창문 너머로 보이는 바다의 풍경을 보며 커피를 홀짝이니 마음이 고요해졌다. 얼마나 지났을까, 크로아티아 실습항해사가 뒤에서 나를 불렀다.

"선장님 이거 보세요."

"네?"

이 심각한 상황에 또 무슨 일일까.

"풍경이 멋져서 제가 한 장 찍었어요."

본인이 찍은 사진이라며 내게 보여줬던 그 사진에는 선교 앞 창문에서 밖을 바라보며 커피를 마시며 '멍때리는 것'처럼 보이는 내 뒷모습이 있었다.

"에어드롭으로 드릴까요?"

"아… 고마워요. 멋진 사진이네요."

에어드롭으로 받은 그 사진을 보고 있자니, 기억 속의 한 장면과 오버랩되었다. 실습생 시절, 좌우로 요동치는 선박에서 줄담배를 피우던 선장님의 뒷모습을. 그땐 선장님의 뒷모습이 든든하게만 보였는데… 정작 선장님의 머릿속이 얼마나 복잡했을지는 가늠도 못했다.

동시에 선원들에게 내가 어떻게 비칠까 생각했다. 선장인 내가 지금 답답해하고 스트레스받을 때도 선원들은 묵묵히 자기 몫을 해내고 있었다. 누군가의 아버지, 누군가의 딸, 누군가의 사랑하는 연인이 이 순간에도 최선을 다하는 중이었다.

'그래, 내가 이러면 안 되지.'

어떻게 이 난관을 통과해야 할까, 이 문제에만 내 모든 신경을 쏟기로 했다. 다 마신 커피잔을 놓고 다시 날씨 정보를 살펴봤다. 태풍이 경로를 변경했다곤 하지만, 이 또한 언제 바뀔지 모를 노릇이었다.

뒤로 갈 수 없다면 앞으로 간다

'지금 태풍 크기가 어떻게 되지…?'

그 시점에 태풍의 크기는 중형이었다. 하지만 수일 내에 중대형으로, 우리 배와 마주할 때쯤엔 대형, 혹은 그 이상으로도 커질 수 있었다.

'경로가 어떻게 되든… 미리 뚫고 가봐도 되지 않을까?'

태풍은 진공청소기처럼 해수면 주위의 공기를 빨아들여 위쪽으로 내뱉는다. 그 과정에서 바람이 태풍의 중심으로 빨려 들어가는 방향이 달라지는데, 지구가 자전하기 때문에 북반구에서는 시계 반대 방향으로, 남반구에서는 시계 방향으로 빨려 들어간다. 우리는 아직 북반구에 있었다. 즉 바람이 시계 반대 방향으로 빨려 들어가는 상황이었다. 그리고 우리 배가 어느 위치에 있느냐에 따라 바람은 우리 배 앞에서 맞바람이 되어 정면으로 맞부딪힐 수도, 혹은 뒷바람이 되어 밀어줄 수도 있었다.

한 시간가량 추가 분석을 마친 뒤, 점심시간 직전에 기관부에 전화를 걸었다.

"기관장님, 선장입니다. 점심 먹고 18노트까지 증속할 수 있겠어요?"

지금 증속해 치고 나가면 이틀 정도 배에 스트레스가 가중될 수 있으나, 사흘째부터는 태풍의 중심에서 벗어나 뒷바람을 받을 수 있었다. 무엇보다 중요한 것은 태풍이 아직은 중형이라는 것이었다. 하지만 시간이 지체될수록 더욱 커질 게 분명했다.

"프란치스코 일항사, 선장입니다. 증속해서 태풍보다 빨리 지나갈까 합니다. 물론 배가 좀 많이 흔들리겠죠? 그러니 배를 좀 가라앉힐 수 있을까요? 평형수 슬로싱 리미트 위로 올려서 2, 3번에만 넣는 걸로 계산해서 알려주세요."

배는 무거워질수록 파도에 깊게 가라앉고, 파도나 바람에 의한 움직임도 줄어든다. 그렇기에 황천항해를 하는 선박에서는 가끔 선박의 평형수 탱크에 바닷물을 채워 넣어 의도적으로 배를 더 가라앉히기도 한다.

"1,500톤씩, 탱크 네 대에 넣으면 충분히 가라앉을 것 같습니다. 트림Trim이나 복원성에도 문제없습니다."

"네, 고마워요."

모든 계산이 끝나고 우리 배는 증속하기 시작해 선속이 그 전보다 약 25퍼센트 빨라졌다.

'잘한 결정일까? 배에 문제가 생기진 않을까?'

증속 후에도 내 머릿속엔 계속 의문이 남았지만, 내 최선의 결론임은 확실했다.

태풍의 눈 안에서

다음날이 되자 우리 배는 차츰, 그러다 점차 격하게 요동쳤다. 파도와 너울이 어제와 비교할 수 없을 만큼 커졌다. 태풍의 눈에 가까워지고 있다는 뜻이었다.

"전 부서 선원들 거주 구역 밖으로 나가지 못하게 하고, 작업 제한하세요. 실내 위주로 작업하시고, 고소작업은 시행하지 마시고요."

배의 움직임이 격해지니 선내의 작업도 제한되었다. 나는 다시 선교로 올라가 창문 밖을 내려다보았다. 어제까지만 해도 간간이 보였던 하얀 파도, 바람이 강해지면 파도가 해수면에서 부서지며 만드는 백파白波가 일었다. 바람이 계속 강해지고 있다는 뜻이었다. 바다 위를 달리는 하얀 말처럼 생겼다고 해서 영어로는 'White horse', 백마라고도 불리는 파도가 수평선 끝까지 360도로 우리 배를 에워싸며 달리는 모양새를 취하고 있었다.

10만 톤이 넘는 배수량의 선박이 큰 파도를 가르며 달리자, 선수에서는 반대 방향에서 오는 파도가 강하게 선수 아래에 부딪혀 갑판 위로 올라왔다.

"쿵! 쿠구구구구구!"

선교로부터 선수 맨 앞부분까지는 200미터가 넘었지만, 반대 방향에서 오는 강한 바람은 부서진 파도에서 튀어나온 물보라를 선수 앞 창문까지 실어 날랐다.

다음날, 어제까지만 해도 50노트로 강하게 불던 바람이 갑자기 10노트 아래로 뚝 떨어졌다. 태풍의 눈에 진입한 것이다. 아직 굉장히 흐리고 습했지만, 하늘에는 구름이 낮고

약하게 퍼지듯 깔려있었다.

"이항사, 태풍 크기는 어때요?"

"예상대로 조금씩 커지고 있습니다, 선장님. 최고 풍속은 55노트인데 모레에는 65노트까지 올라간다고 합니다."

"빨리 통과해야겠군요."

사방이 바다로 검푸른 바다로 펼쳐진 선교의 창문 앞에 서서 난 말 없이 커피를 마시고 있었다. 내 시선은 선수 쪽, 먼 바다에 고정되어 있었다. 태풍의 눈에 들어오자마자 바람은 줄었지만, 하늘은 먹구름으로 가득했다. 저 앞 수평선 너머에는 이미 번개가 번쩍이고 있었다.

태풍의 눈을 서서히 지나 다시 영향권으로 들어가자 차츰 바람이 강해졌다. 하지만 예상대로 배 뒤에서 우리를 밀어주는 방향이었기에, 상대적으로 배에서 느끼는 바람은 그렇게 강하지 않았다. 배가 앞으로 가는 속력과 바람의 속력이 서로 상쇄됐기 때문이다. 하지만 파도와 너울은 그렇지 않았다.

시간이 갈수록 파도와 너울이 강해졌다. 300미터 이상의 대형 선박이라도 이 정도로 강한 너울 앞에서는 속수무책이었다. 선박이 말 그대로 종이배처럼 흔들렸다.

"선장님, 너울이 점점 강해집니다."

"그러네요… 롤링도 점점 심해지네요. 선내 물건들 고박은 문제없죠?"

"네, 제가 직접 확인 마쳤습니다. 문제없습니다."

일항사 경력만 10년이 넘는 이탈리아인 프란치스코는 내 든든한 오른팔이었다. 쉰 중반을 바라보는 그가 바다에서 보낸 시간은 나의 그것보다 두 배쯤 길었다. 그는 그만큼이나 완숙한 일등항해사였다. 선장 경력이 처음인 내게 이토록 유능한 일등항해사가 함께한다는 건 엄청난 행운이었다.

"선장님, 롤링이 좀 더 심해지면 선로를 조금 틀어보는 것도 좋을 것 같습니다. 다음 항구까지 여유가 있다면요."

"그렇네요. 근데 지금 태풍 때문에 지체돼 여유롭진 않은데… 한번 보죠."

태풍만 아니었다면 우리 배는 이미 한참을 나아갔을 것이고, 그만큼 당장의 여유가 없었다. 그래도 다음 항구까지 도착예정시간ETA, Estimated Time of Arrival을 계산해보니 조금의 선회는 가능할 것도 같았다.

"일항사 말대로 조금 틀어봅시다. 지금은 롤링이 너무 심하네요. 항로에서 조금 우회하더라도 그러는 편이 낫겠습니다."

화물을 만재한 배에 바닷물을 채워 조금 더 가라앉은 상태인데도 15도씩 롤링했다. 좌우로 15도니 도합 30도를 10초 주기로 오뚜기처럼 흔들거렸다. 10초에 한 번씩 좌우로 움직이니 한 시간에 360번을, 하루에 8,640번을 움직이고 있는 셈이다. 밥을 먹을 때에도, 잠을 잘 때도 예외는 없었다.

난 지독한 롤링을 조금이라도 통제하기 위해 애썼다. 경로를 조금 틀어보니 롤링이 조금은 잦아드는 듯했다. 그렇게 한 10분쯤 지났을까, 차츰 롤링이 멎는 듯하던 배가 한쪽으로 크게 기울었다.

"어… 어…!"

너울 주기와 선박의 롤링 주기가 엇나간 것이었다. 이럴 땐 다시 경로를 조금씩 틀어 두 주기를 맞춰야 했다. 한 시간 정도 반복하니 롤링이 줄어들었다.

"삼항사, 이제 조금 괜찮아진 것 같으니 난 내려가 볼게요. 혹시라도 바람이나 너울 방향 바뀌면 바로 연락하세요."

"알겠습니다, 선장님. 연락드리겠습니다!"

영국 삼등항해사 안냐의 당찬 대답을 뒤로 하고 나는 내 방으로 향했다.

"후우….'"

방에 들어오니 그동안 참았던 한숨이 푹 꺼져 나왔다. 일시에 긴장이 풀리니 엄청난 피로가 밀려왔다. 씻고서 노곤한 상태로 창밖을 바라보니 우중충한 하늘과 태풍, 거센 파도가 미친 듯 몰아치는 중이었다. 방 안에서는 클래식 음악이 흘러나오고 있었는데, 안팎의 대조는 싱크로가 어긋난 무성영화처럼 현실감이 없었다.

그로부터 사흘 뒤, 우리 배는 태풍의 진로에서 완전히 벗어났다. 배에도 다행히 큰 피해가 없었다. 배를 무겁게 가라앉혀놔서 그런지 배의 롤링도 10도를 넘지 않았고, 선체나

기관에도 피해가 없었다.

"빨리 통과한 게 다행이네요. 선장님."

태풍의 예보를 확인하던 이등항해사가 내게 말했다. 태풍의 최고 풍속은 이미 70노트를 넘어 있었다. 뒷바람이 아니라 맞바람 상태였다면 어땠을지 아찔했다. 미리 지나온다는 결정은 결과적으로 옳은 판단이었다.

"그러네, 신이 도우셨네요."

바다에서는 어떻게 날씨를 확인할까

항해에서 날씨 정보는 생존과 직결된다. 연안이나 EEZ(배타적경제수역) 내에서는 각국 기상청과 해양 기관이 예보를 제공하며, 우리나라의 경우 기상청과 해양수산부가 그 역할을 한다. 한편, 공해상에서는 국제 협력이 핵심이다. WMO(세계기상기구)는 각국에서 수집한 데이터를 공유해 특정 국가 관할 밖에서도 기본적인 기상정보를 제공한다. 또한 MSI(해상안전정보)는 항행 경보, 기상예보, 구조 관련 사항 등을 포함해 GMDSS(세계해상조난·안전시스템) 하에 정기적으로 송신된다. GMDSS는 전 세계 해역을 NAVAREA(해상항해 경보 구역)으로 구분하고, 각 구역을 담당하는 책임국이 해당 정보를 모든 선박에 전달한다.

현대 선박은 위성통신, ECDIS(전자해도), 통합 항해 장치를 통해 MSI와 NAVAREA 경보를 수신하고, 위성 기상사진이나 예측 모델을 내려받아 항해 계획에 반영한다. 더 나아가 자체 기상 장비로 풍향·풍속·기온·기압을 측정해 국제 데이터베이스에 제공, 예보 정확성 향상에 기여한다. 결국 바다에서의 기상 확인은 국제 네트워크, 국가별 시스템, 선박 자체 관측이 함께 작동하는 복합 구조이며, 항해사는 이를 종합 분석해 선장의 안전 결정을 지원한다.

파도와 너울의 차이

바다의 물결은 모두 파도로 보이지만, 구체적으로는 파도(wave)와 너울(swell)로 구분된다. 파도는 바람이 수면에 전달한 에너지로 발생하며, 바람의 세기와 방향에 따라 높이와 형태가 수시로 변한다. 파장은 짧고 불규칙해 항해 중 갑판에 직접 충격을 주거나 선수에 타격을 가한다. 반면 너울은 해역에서 발생한 파동의 에너지를 잃지 않고 이동한다. 바람의 직접적 영향은 받지 않지만, 파동 에너지를 고스란히 품고 있어 파장이 길고 깊으며 규칙적이다. 마치 거대한 괴물이 바다 밑을 지나가듯 느릿하고 웅장하게 이어지며, 때로는 수백 미터 간격을 갖는다.

대형 선박은 짧은 파도에는 강하지만, 너울에는 그렇지 못하다. 너울과 선체의 고유 진동 주기가 겹치면 심한 롤링이나 피칭이 발생해 화물 안정성과 선원의 안전을 위협한다. 파도는 눈앞의 즉각적인 위험으로 체감되지만, 너울은 날씨와 무관하게 태풍이나 폭풍의 흔적이 멀리서부터 도달한 결과물이기에 항해자에게 긴장과 주의를 요구한다.

선장의
리더십

"두 달간 고생 많았어요, 이제 동현 선장님이라고 불러야 겠군요!"

글라스고 본사에서의 일정 마지막 날, 나를 비롯한 프로그램 수강생들이 모두 이수한 뒤 임명식이 있었다. 밝은 표정으로 내려온 부사장님, 크리스의 손에는 견장 두 개가 들려 있었다. 견장은 금줄이 네 개, 즉 선장의 그것을 뜻했다. 크리스는 한 손으로 내게 견장을 건네주고, 다른 한 손으로는 악수를 청했다.

"선장님, 제가 한 말 잊지 마세요. 알겠죠?"

"네, 꼭 그러겠습니다."

크리스에게 배운 선장의 '스탠더드'

며칠 전, 선장 진급을 위한 마지막 면접은 회사 부사장님인 크리스와의 독대로 진행되었다. 회사 컨퍼런스에서 몇 번 이야기 나눌 기회가 있긴 했지만, 그의 사무실에서 독대한 것은 처음이었다. 영국 왕실해군 출신이자 세계 7대 슈퍼메이저 에너지 기업인 BP plc의 계열사 BP Shipping에서 LNG선 선장직까지 역임한 크리스는 차분하게 질문했다.

"선장으로 처음 바다에 나가면 어떨 것 같아요? 생각만 해도 긴장되지 않나요?"

크리스의 질문은 이른 나이에 선장이 된 나에 대한 시험 같았다. 그렇지만 나 역시 공부도 준비도 충분했다. 또 부사장님이 물어보시는데 위축된 모습을 보이고 싶지도 않았다. 패기와 열정을 보이고 싶었다.

"아뇨, 긴장 안 됩니다."

인자한 미소를 띠던 크리스가 고개를 저었다.

"동현 선장님, 틀렸습니다. 긴장해야 해요. 긴장해야만 합니다. 선장은 그런 자리입니다."

그가 가라앉은 톤으로 말을 이었다.

"얼마나 준비가 됐든, 경력이 얼마이든 상관없습니다. 긴장해야만 합니다. 동현 선장님의 결정에 30여 선원의 삶이, 또 그 가족의 삶이 달려있습니다."

글라스고 시내가 한눈에 보이는 부사장실에서, 그의 말이 내 폐부를 찔러왔다.

"난 선장인 당신이 배에서 가장 높은 '스탠더드'를 보여주길 바랍니다. 그 누구보다도요. 다른 선원들은 그렇지 않을 수 있습니다. 하지만 당신만은 그래야 합니다. 선장이니까요. 선장에겐 가장 큰 권한과 함께 가장 큰 책임이 있습니다."

그는 자리에서 일어나 내 어깨를 짚으며 조금은 풀어진 얼굴을 했다.

"동현, 동현이 쌓아온 퍼포먼스와 이력은 본사에 오기 전부터 들었어요. 인사팀장 콜린이 추천했으니 더 말할 게 없죠. 우리 회사에 이항사로 들어와서 꽤 빨리 선장으로 진급한 것도 아닙니다. 대단한 성과입니다. 그리고 지난 두 달간 회사에서 보여준 당신의 역량과 잠재력은 본사의 모든 직원이 직접 확인했습니다."

충고에 이어진 칭찬으로 나는 몸 둘 바를 몰랐다. 민망함에 시선을 내리고 손목시계만 만지작거렸다.

"동현 선장님은 멋진 선장이 될 거예요. 하지만 그런 일은 하루아침에 일어나지 않습니다. 명심하세요. 아직은 아닙니다. 두 번, 세 번, 아니 열 번도 모자라지 않습니다. 항상 생각하고 행동하세요. 열정은 때로 독이 됩니다. 그리고…."

크리스는 내 대답 이면의 그림자를 본 것 같았다. 열정과 패기가 넘치는 동시에, 자칫 독선과 교만에 빠질 수 있는 양면성을. 아마도 그가 봐온 무수한 후배 중 열정과 패기로 무장한 이가 나 하나만은 아니었을 것이다. 그래서 더욱 겸손하게 자신을 돌아보라는 의미로 내게 조언과 질책 사이쯤의 진정 어린 충고를 건넨 게 분명했다.

그가 나에게 해준 마지막 말은 아직도 내 머릿속에 선명히 새겨져 있다. 패기도 좋고 열정도 좋지만, 그에 앞서 필요한 건 언제나 '계획'이라는 것.

"계획하기를 실패하면, 실패를 계획 중인 셈입니다If you fail to plan, you are planning to fail."

선장의 리더십

리더십은 솔선수범하는 사람, 어려운 일을 해내는 사람, 목표를 끈기 있게 이루는 사람 등 다양한 방식으로 정의된다. 내게도 나름의 리더십에 대한 정의가 있었는데, 크리스의 조언 이후로 나는 리더십을 '멀리 내다보는 힘'이라고 정의하게 됐다. 여기서 '멀리 본다'라는 의미는 단순히 물리적 거리의 문제가 아니라, 앞을 내다보고 미래를 계획하는 능력을 뜻한다.

선장의 리더십이란 먼 시야를 바탕으로 선원들보다 더 넓고, 더 높은 곳에서 상황을 바라보며 방향을 제시하는 힘이다. 물론 리더십은 선장뿐 아니라 모든 관리자에게 필요한 자질이다. 하지만 선장에게는 분명 차별화되는 지점이 있다. 바다 위, 육지의 도움을 기대할 수 없는 고립된 상황에서 선원과 선박의 안전을 책임지는 자리이기 때문이다.

해상 리더십은 전통적으로 흔히 카리스마형, 즉 위계적 리더십에 가깝게 분류된다. 위기 상황에서 신속하게 결단하고, 권위 있게 지휘하며, 선내 질서와 규율을 유지하는 힘이다. 이는 '비상시에는 선장의 명령을 따라야만 한다'라는 규율 아래, 선박의 안전과 선원의 생명 보호에 필수적인 역할을 한다. 물론 때때로 보수적이라는 비판을 받기도 한다. 그러나 끊임없이 위험을 마주하는 바다 위에서는, 빠른 판단과 분명한 지시가 생사를 가르기도 한다. 그래서 여러 비판에도 불구하고 위계적 리더십은 여전히 해상에서 유효하고, 나 역시 이런 위계적 리더십에 동의하는 편이다.

다만 그 어떤 막강한 리더십이라 하더라도, 그에 앞서 다져놓아야만 하는 것이 있다. 바로 '신뢰'다. 아무리 경험 많고 결단력 있는 선장이라 해도, 결단의 상황에서 선원이 그를 신뢰하지 않는다면 그 어떤 명령도 제 효과를 발휘할 수 없다. 결국 내가 정의하는 '선장의 리더십'이란, 선원이 기꺼이 따르고자 하는 신뢰를 바탕으로 멀리 내다보며 위기에 대비하고 미래를 계획하는 힘이다.

신뢰를 얻는 것은 선장의 몫

내가 선장으로 지휘를 맡은 첫 배에서, 첫 번째 비상 훈련 때 있었던 일이다. 갑판에서 발생한 화재였는데, 화재 진압팀의 자급식 호흡기에 결함이 발견되어 진압팀의 화재 현장 진입에 지연 중이라는 보고가 올라왔다. 다행히 나는 해당 장비의 결함이 실제 사용에 문제 있는 정도가 아니란 걸 이미 파악하고 있었다.

다만 매뉴얼에는 '선원의 안전에 위협될 만한 결함이 발견된 장비는 비상시라도 사용할 수 없음'이라고 명시되어 있다. 그러니 새로운 장비로 교체 후 진입하는 게 원칙이었지만, 나는 일부러 선원들에게 '화재가 급하니 일단 결함이 있는 장비라도 숨이 쉬어지면 가지고 들어가 사용하라'라고 지시했다. 그들이 내 명령을 따를지, 아니면 규정을 근거로 거부할지 확인하고 싶었다.

선원들은 약간 머뭇거렸지만, 현장을 지휘하던 담당 항해사는 내 명령에 응하며 결함이 있는 장비를 가지고 훈련을 진행했다.

훈련이 끝난 후 검토회의 때 조금 전 내 명령에 응했던 항해사에게 물었다.

"아까 결함 있는 장비를 가지고 진입하라 한 내 명령을 왜 따랐나요?"

항해사는 당연하다는 듯 답했다.

"선장님 명령이었기 때문입니다."

"그 명령이 회사 정책을 위반하고 진입했던 선원의 안전을 위협할 수 있는 걸 알고 있었나요?"

담당 항해사는 대답이 없었다. 짐작건대, 그도 명령에 이상한 점이 있다고 느꼈을 것이다.

"해당 장비의 결함은 제가 미리 파악하고 있던 것이었어요. 사용에 큰 문제가 없다는 점을 알고 있었습니다. 항해사도 그 점을 알고 있었나요?"

"…."

"배를 버려야 할 상황이 발생했을 때, 선장인 내가 선원들을 버리고 항해사들과 함께 먼저 도망가자고 말한다면, 나를 따를 건가요?"

"…."

잠시 숨을 고르고 말을 이었다.

"선박의 명령 체계상 상명하복은 중요한 자질 중 하나입니다. 하지만 상사의 명령을 생각 없이 따르지는 마세요. 상황이 허락하는 한, 반드시 주체적으로 생각하세요."

선원들은 생각이 많아진 것 같았다. 상명하복이 기본인 선박에서 주체적으로 생각하라는 선장에게 어떤 의문을 품을 것인가. 그때, 그리 길지 않은 침묵을 깨고 영국 삼등항해사가 질문했다.

"때로는 더 큰 목적을 위해서 매뉴얼이나 절차에 맞지 않는 명령을 할 때도 있지 않나요? 만약 선장님이 저희에게 그런 명령을 내리시면, 저희는 그때에도 주체적으로 매뉴얼을 따르는 게 맞습니까?"

"당연히 그럴 때가 있죠. 매뉴얼만 따라 모든 일이 해결된다면, 선장보다 로봇을 두는 쪽이 낫지 않겠습니까? 그런 상황이 있을 땐 항해사가 선장을 믿고 있는지 아닌지에 따라 결과가 달라지겠죠. 믿는다는 건 반만 믿는다든지, 거의 믿는다든지 하는 건 없어요. 믿는다는 건 그 사람을 온전히 믿는다는 의미입니다. 한 치의 의심도 없이요. 당신은 나를 온전히 믿습니까?"

영국 삼항사의 표정이 묘해졌다. 나는 상황을 정리했다.

"이번 문제는 제가 해당 장비의 상태를 정확히 알고 있었기에 유효한 명령이었습니다. 다만 앞으로 닥칠 수 있는 상황들에서 여러분이 어떤 근거로 판단을 내릴지 확인하고 싶었습니다."

모인 선원들을 한번 둘러보았다.

"걱정하지 마세요. 이건 시험이 아닙니다. 앞으로 닥칠 수 있는 위기 상황에서도 매뉴얼을 따를지, 나를 따를지 판단하는 것은 여러분의 몫입니다. 그리고 그 판단이 옳은 결정이 되도록 여러분의 신뢰를 얻는 것은, 저의 몫입니다."

'한 배를 탄 사이'

요즘 세상은 점점 더 각박해진다. 같은 아파트 같은 층에 살아도 옆집 사람 얼굴을 모르는 건 흔한 일이고, 누군가의 작은 선의조차 경계의 눈빛부터 마주하는 세상이 되었다. 하지만 바다는 다르다. 육지보다 느리고, 인터넷도 불편하고, 조직 문화는 여전히 구닥다리에 가깝다. 다만 그래서 오히려, 아직은 인간적인 온기가 남아 있는 곳이기도 하다.

물론 예전처럼 배를 타서 큰돈을 벌거나, 항구마다 상륙해 낭만적으로 도시를 누비던 시절은 지났다. 바다 위의 삶도 여유는 고사하고 일정에 쫓기는 날이 더 많다. 하지만 그럼에도 여전히 선원들 사이엔 무언가 따듯하고 뭉클한 게 있다.

"누구 사진이에요?"

"아…. 제 아들인데요, 이번에 대학 들어가거든요, 어때요? 저랑 닮았어요?"

핸드폰으로 아들 사진을 보던 일등항해사 프란치스코가 미소를 지으며 장난스레 물었다. 누가 봐도 붕어빵이었다.

"머리만 없으면 일항사랑 똑같은데요?"

"하하하, 맞아요! 아들이 아직 머리 빠질 나이는 아니죠."

선원들은 하나같이 모두 가족을 마음 깊숙이 품고 산다. 모두 돈을 벌러 바다로 발걸음을 돌린 지 짧아도 수년, 길면 수십 년인 사람들이다. 배 위에서 자기의 직무를 게을리하지 않고 열심히 땀 흘려 번 돈으로 제 가족이 고기 한 번 더 챙겼으면 하는 가장들이다. 그들이 어디서 태어나고 자라났건, 피부색이 어떠하건 전혀 중요하지 않다. 미국인, 영국인, 필리핀인, 미얀마인, 이탈리아인, 멕시코인, 호주인… 내가 본 선원은 국적을 불문하고 모두 가슴 한 켠에 그리움을 묻고 산다.

   선장으로 부임한 지 얼마 지나지 않았을 때의 일이다. 오후 1시. 모두가 현장에서 작업에 한창 열중하고 있어야 할 시간이었다. 그런데 현장에 있어야 할 30여 명의 선원은 한 명도 빠짐없이 회의실에서 부산스러운 채로 있었다. 기름 절은 내가 풀풀 풍기는 작업복 차림으로, 혹은 손에 장갑을 낀 채로. 어딘가 불편하고, 무거운 공기였다.
   내가 지시를 내린 지 10분밖에 되지 않았지만, 모두 눈치를 챈 듯했다. 아마도 좋은 일은 아니라는 걸. 이런 집합이 좋은 일인 경우는 드무니 그럴 법도 했다. 초임 선장인 내가 회의실 안쪽으로 들어서자, 열다섯 쌍의 시선이 일제히 한쪽으로 쏠렸다.
   "좋은 오후입니다."
   나는 최대한 담담한 어조로 인사를 건넸다.
   "일이 바쁜데 미안합니다. 제가 갑자기 여러분을 부른 이유는…."

나는 말끝을 일부러 흐렸다. 한 사람씩 눈을 마주치며 시선을 돌렸다. 누구는 눈을 피했고, 누구는 정면을 바라보았다. 대체로 긴장해 있었다. 내가 지금 보일 수 있는 인내는 여기까지였다.

"왜 이곳저곳에서 개인 보호장비를 착용하지 않는 모습이 보는 거죠?"

내 말과 함께 몇몇 선원들이 고개를 떨궜다. 분명 아침 순찰 때 내가 현장에서 지적했던 선원들일 것이다.

"기관장, 회사 규정상 기관실 작업 시 반드시 착용해야 하는 개인 보호장비가 어떻게 되죠?"

"안전모, 보호경, 장갑, 안전화, 작업복, 그리고 기관실 소음을 줄여주는 귀마개입니다."

"그럼, 누가 설명 좀 해주시죠. 왜 기관사들이 안전모를 벗고 일하고 있습니까?"

사실 나도 잘 안다. 그들이 왜 안전모를 쓰지 않고 있는지.

"일등항해사, 갑판부원이 갑판에서 일할 때 안전 고글을 착용하지 않고 녹청 작업을 하게 되어 있습니까?"

"…아닙니다."

역시 나도 잘 안다. 그들이 그렇게 일하면 안 된다는 걸.

"나는 여러분께 보호장비 착용을 지시하고 할 일을 하면 그만입니다. 사고가 나도 머리가 깨지고 팔이 부러지는 건 여러분입니다. 계약 중도에 내리게 돼 돈을 다 못 받는 것도 여러분 일이죠. 이 작업 허가서에도 분명 개인 보호장비 착용 지시가 명시돼 있고, 여러분은 서명했죠. 그걸로 제 역할은 끝입니다."

나는 잠시 말을 멈췄다가 다시 입을 열었다.

"하지만 제가 계속해서 이렇게 여러분께 부탁드리는 이유는… 여러분, 우리는 가족이지 않습니까. 저마다 이 배에 탄 이유가 있겠지만, 이 배에 함께 탄 이상 우리는 가족입니다."

모두 알고 있었다. 피부도, 언어도, 고향도 다르지만, 함께 바다를 헤쳐 나가고 있다는 걸. 우리가 서로를 챙기지 않으면, 그 누구도 우리를 챙길 수 없다는 걸. 우리는 말 그대로 '한 배를 탄 사이'였다.

"저도 잘 압니다. 35도, 40도에 달하는 기관실에서 안전모를 쓰는 게 얼마나 답답한지. 별이 쏟아지는 갑판에서 고글이 땀에 절어 얼마나 불편하고 머리를 조이는지."

잠시 목을 가다듬었다.

"저는 제 아들이, 조카가, 삼촌이 개인 보호장비를 안 쓰고 일한다면 무척 걱정될 겁니다. 덥고 답답하고 불편하겠지만, 그래도 그들이 안전모와 고글을 쓰면 좋겠습니다. 큰 사고를 막기 위해 작은 불편은 참고 견뎌주면 좋겠습니다."

내 몫은 여기까지였다.

"더는 말 안 하겠습니다. 다시 일하러들 가시고, 내일 순찰 시간에 봅시다."

선원들이 하나둘 회의실에서 나갔다. 쇳덩이 박힌 안전화의 둔탁한 발걸음 소리가 멀어졌다.

다음날 순찰 시간. 선원들 모두 빠짐없이 보호장비를 착용하고서 일하고 있었다. 그들은 불편한 보호장비를 착용하고서도 환히 웃으며 내게 인사했다.
"선장님! 좋은 아침입니다! 별일 없으시죠?"
"네~! 날이 덥네요. 일은 할만해요?"
"조금씩 쉬면서 하고 있습니다. 문제없습니다!"
그날 아침, 선원들은 어제의 질책에 불편함을 표현하기는커녕, 환한 미소로 나를 반겨주었다. 본인들보다 열 살, 스무 살은 어린 초임 선장의 어설픈 리더십이자 질책이었지만, 누구 하나 싫은 티를 내지 않았다. 나는 그들의 얼굴을 보고 우리 사이에 직장 동료 이상의 끈끈함이 형성됐음을 느꼈다. 아직 '선장'이라는 호칭이 어색하던 때, 그런 나를 선장이라 불러주고 한 가족으로 받아들여 준 선원들. 나는 그들의 아침햇살 같던 인사를 여전히 기억한다. 신참 선장의 리더십도 이들의 신뢰를 양분 삼아 싹을 틔웠다.

선장의 법적 지위

선장은 국제법과 국내법 모두에서 독특한 법적 지위를 갖는다. 항공기의 기장이 항공기 운항과 안전에 대한 권한만을 가지는 것과 달리, 선장은 지휘권과 더불어 선박 소유자를 대신하는 법적 대리권까지 갖는다. 선박이 바다라는 고립된 환경에서 독립적으로 항해해야 하기에, 즉각적이고 종합적인 판단과 그에 상응하는 법적 권한이 필요하기 때문이다.

국제 해상법과 각국의 해사법은 선장에게 계약 체결, 사고 보고, 해상 구조, 화물 관리, 선원 징계 등 폭넓은 권한을 부여한다. 특히 선장은 선박 소유자를 대신해 법률 행위를 할 수 있는 법적 대리인으로 인정되어, 항해 중 긴급히 예비품을 구매하거나 수리를 계약할 경우, 그 법적 효력이 선박 소유자에게 미친다. 이는 선박이 하나의 자율적 생활, 경제 단위라는 현실적 필요에서 비롯된다. 동시에 선장은 선박, 화물, 선원, 승객의 안전을 보장할 법적 의무를 지며, 사고 발생 시 민형사상 책임을 함께 진다. 따라서 단순한 운항 기술을 넘어 행정, 법률적 판단, 위기 대응, 인적 자원 관리 능력도 요구된다.

우리나라 「상법」도 이를 규정한다. 제851조는 항해·운항에 관한 전권, 제852조는 소유자를 대리한 법률행위 권한, 제853조 긴급처분권, 제855조 화물 관리권, 제861조 구조·보고 의무 등을 명시한다. 또한 「선원법」은 선장이 선원의 복무를 지휘·감독하고 징계할 권한을 규정한다. 이는 선장이 지휘권과 대표권을 함께 지닌 법적 주체임을 보여준다.

선박은 24시간 긴장 상태

"선장님, 오늘은 어떤 걸로 준비해드릴까요?"

"흠… 지난번 벨기에 기항 때 올린 레드와인 있죠? 그걸로 네 병 준비해주시겠어요? 아, 맥주도 한 박스 부탁드릴게요."

"네, 알겠습니다."

"와인 비용은 마스터스랩Master's Rep으로 처리해주시면 됩니다. 고마워요."

토요일 아침, 사주장이 저녁식사를 어떻게 준비할지 물었다. 네 병의 와인과 맥주 한 박스는 내가 사관들에게 흔들, 일종의 '당근'이었다. 배에서는 주말이라고 평일과 크게 다른 점이 없다. 토요일은 보통 오전 8시부터 정오까지만 근무하고, 일요일에는 두 시간가량 선내 청소를 하면 공식적인 업무는 끝난다.

하지만 비공식적으로 해야 하는 일이 항상 있다. 특히 우리 배는 안전상의 이유로 해둬야 할 일이 많아 한동안 주말을 느슨하게 보낼 수 없었다. 나는 오후 5시까지 전일 근무를 명령해둔 상태였다.

물론 선박 안전에 지장이 있거나 명령이 하달되면 시간과 요일을 가리지 않고 언제든 일하는 것이 선원의 본분이긴 하지만, 선원들도 사람인 만큼 주말 근무가 달가울 리는 없다. 그래서 필요한 게 당근, 아니 와인이었다. 나 역시 하급 사관일 때가 있었고, 그때부터 사람은 채찍만으로 제대로 움직이지 않는다는 걸 몸소 체득했다. 그 덕에 때때로 적절히 당근을 흔드는 요령을 터득한 셈이었다.

또 이 당근은 내가 선장으로서 사관들의 마음을 풀어주기 위해 쓰는 방법인 만큼, 그 비용 역시 내 몫으로 처리하는 게 합당했다. 나는 선장 재량의 선내 비용, 마스터스랩으로 와인의 값을 치렀다.

토요일 저녁은 종종 정찬으로 치러진다. 모든 사관이 제복을 입고 모여 애피타이저와 스테이크, 디저트 순으로 이어지는 코스를 함께 즐긴다. 이때 보통 술은 공식적으로 제공되지 않는데, 이 자리에서 선장이 자비로 와인을 내놓아 분위기를 더욱 북돋곤 한다. 나 역시 그런 용도로 와인을 준비해둔 것이었다.

훈련 중에도 터지는 사건

토요일에는 일과 별개로 화재 훈련, 퇴선 훈련, 구조 훈련 등 약 30종류의 훈련 중 4~5가지를 매주 돌아가며 실시한다. 그날은 기관실 화재 훈련이 예정돼 있었다. 엔진룸에 불이 났을 때를 대비한 훈련이었다.

"삼항사, 화재 훈련 실시합시다. 알람 울리세요."

"네, 선장님."

잠시 뒤, 선내 전체에 귀를 찌르는 화재 알람이 울렸다. 이어서 당직 항해사의 안내방송이 흘러나왔다.

"훈련! 훈련! 훈련! 화재 훈련, 좌현 메인 엔진룸 화재 발생! 전 선원 비상 배치!"

모든 선원이 지정된 비상 배치 장소에 모여 인원 점검을 마쳤고, 부서별로 보고가 차례로 이어졌다.

"비상 배치 1팀, 인원 점검 완료! 이상 무!"

"비상 배치 2팀, 이상 무!"

"기관실, 소집 완료! 이상 무!"

각 팀이 맡은 역할에 따라 화재 대응 절차를 수행했다. 훈련은 문제없이 끝났고, 이후 전 선원이 모여 디브리핑을 하며 잘된 점, 개선할 점을 공유하고 다음 훈련에 반영하고자 했다.

약 두 시간에 걸친 훈련이 끝나고 잠시 숨을 돌릴 때쯤, 호출이 들어왔다.

"선장님, 일항사입니다."

"예, 말씀하세요."

"잠시 화물제어실로 와주시겠습니까?"

내려가 보니 이미 기관장, 일항사, 화물기관사 등이 모니터 앞에 모여 심각한 표정으로 서 있었다.

"무슨 일입니까?"

"화물 탱크 압력이 이상합니다. 훈련 때부터 조금씩 오르더니 지금은 이렇게 치솟고 있습니다."

화물제어실 벽면의 대형 모니터에는 화물창 압력 추이가 그래프로 표시되고 있었는데, 마치 급등하는 주식 그래프처럼 곡선이 가파르게 상승하고 있었다. 10만 톤의 LNG를 실은 화물창의 압력이 눈에 띄게 높아지고 있다는 뜻이었다.

"선박을 증속해 엔진의 LNG 연료 사용량을 늘렸는데도 압력이 떨어지질 않습니다."

그래프 추이를 보니 아주 낯선 형태는 아니었다.

"음… 아마 저부하 압축기Low Duty Compressor 필터가 막힌 게 아닌가 싶네요."

증기 가스를 처리하는 장치가 제대로 작동하지 않으면 결국 대기 방출Venting 조치를 해야 할 수도 있었다. 대기 방출은 폭발 위험이 있을 뿐 아니라, 심각한 환경오염을 유발해 최후의 최후까지 미뤄두는 방법이었다.

"가스 연소기GCU, Gas Combustion Unit 가동해서 압력을 낮춰 보세요. 회사에는 제가 보고하겠습니다."

추가 장치를 돌리자 다행히 압력이 안정세를 되찾았다. 큰 문제 없이 넘어간 일이었지만, 진짜 문제는 이런 상황이 근무 시간 외에도 언제든 일어난다는 점이다. 그래서 선원들은 늘 24시간 비상 대기 상태로 살고 있는 것이다. 이처럼 바다 위에서는 어느 순간에도 긴장을 놓을 수 없다.

즐거운 순간에도 알람은 울린다

토요일 오후 5시, 당일 과업을 마무리하고 모든 사관이 저녁 식사 자리에 모였다. 흰색 와이셔츠에 검정 바지를 입고, 검정 구두를 갖춰 신었으며, 각자의 어깨에는 부서와 직급을 나타내는 견장이 단정히 빛나고 있었다.

테이블 위에는 애피타이저로 훈제 연어를 얹은 바게트, 얇게 썬 프로슈토, 이탈리아식 콜드 컷, 그리고 구운 아몬드가 차려져 있었다.

"오늘 하루도 수고 많으셨습니다. 한 잔씩 하시죠."

내가 호스트 역으로 와인을 따라주자, 몇몇 사관이 한국식으로 고개를 숙이며 인사를 건넸다.

"감사합니다, 선장님."

"한국식 예절까지 아주 제대로 배우셨군요?"

다들 낄낄거리며 웃는 와중에 스테이크가 서빙되었고, 각자 잔에도 와인을 가득 채웠다.

"모두 이번 주도 사고 없이 잘 마무리해주셔서 감사합니다. 건배!"

"건배!"

잔을 부딪치며 서로 한 주의 노고를 격려했다. 저마다 일을 하며 겪는 고충을 털어놓다가, 이내 가족과 취미로 대화의 흐름이 넘어갔다. 아일랜드 기관장은 아들이 유소년 축구단에 들어갔다고 근황을 알렸고, 이탈리아 일항사는 편찮으신 어머니가 걱정된다고 했다. 영국 삼기사는 요즘 휴가 때는 클라이밍에 재미를 붙였다고 했고, 필리핀 화기사는 최근 요트를 사서 스쿠버 다이빙 업체에 임대하는 사업을 시작했다고 자랑했다.

이처럼 와인과 대화로 분위기가 무르익던 즈음이었다.

"띠리리리리리리리링!"

화재 알람이었다. 함께 식사하던 자리에 있던 모두가 동시에 의자를 박차고 일어섰다. 저마다 작업복으로 갈아입고 비상시의 배치로 향하기 위해 분주히 움직였다. 나도 곧장 내 배치인 선교로 뛰어 올라갔다. 1층 식당에서 6층 선교까지 20초도 채 걸리지 않았다.

"화재 위치 어딥니까?"

문을 열며 다급히 물었다.

"선장님, 그게…"

보고가 어딘지 더뎠다.

"어디냐고요! 방송해야 할 거 아닙니까! 선원들이 지금 어디로 가야 할지 모르잖아요!"

"…주방입니다."

"?!"

순간적으로 머릿속에 한 장면이 스쳤다. 조금 전, 주방 쪽 문으로 갑판수가 팝콘을 튀기러 들어가던 모습이.

"일항사, 감도 있습니까?"

"네, 선장님. 일항사입니다."

기다리고 있었다는 듯 바로 답이 돌아왔다.

"주방으로 사람 보내세요. '그거' 아닌지 확인해보세요."

1분도 채 지나지 않아 보고가 왔다.

"선장님, '그거' 맞습니다. 연기가 너무 자욱합니다."

"그럼… 화재는?"

"화재는 없습니다."

선원들을 해산시킨 뒤, 나는 삼항사에게 조금은 어색하게 웃음을 지어 보였다.

"삼항사, 명심하세요. 주말에 화재 알람 울리면 열에 아홉은 팝콘 때문입니다. 하하…."

타버린 팝콘 연기에 감지기가 작동해 알람이 울린 것이었다. 3분만 돌리라고 적힌 팝콘을 5분이나 돌려 태워 먹는 일은, 생각보다 종종 발생하는 해프닝이었다.

모두 다시 제복으로 갈아입고 저녁 테이블에 모이자, 기관장이 농담을 던졌다.

"요즘 화재 알람이 꽤 조용하다 싶었는데… 역시 팝콘은 기대를 저버리지 않는군요."

나도 한마디 보탰다.

"자, 내일 안전회의 주제는 '팝콘은 몇 분을 돌려야 하는가?'로 합시다!"

LNG선의 화물 관리

LNG선의 화물인 LNG, 즉 액화천연가스는 -162℃ 이하에서 기체가 액체로 전환된 극저온 화물이다. 하지만 외부에서의 열 유입을 완전히 차단할 수는 없기에, 화물 탱크 내부에서는 일부가 지속적으로 증발 가스(BOG, Boil-off Gas)로 기화한다. 이는 끓는 냄비에서 수증기가 생기는 현상과 비슷하다.

문제는 기체의 부피가 액체의 그것보다 600배 정도 크다는 점이다. 그래서 적은 양의 가스가 기화해도 탱크 압력이 쉽게 높아지므로, 탱크는 이를 적절히 제어하지 않으면 자동으로 안전밸브가 열려 가스가 방출되도록 설계되어 있다. 이 덕분에 폭발 위험은 거의 없지만, 선박은 화물 손실과 환경오염을 피하기 위해 자체적인 처리 장치를 갖추고 있다.

초기 LNG선은 이 가스를 보일러 연료로 소모해 해결했고, 이후에는 재액화 장치로 되돌려 저장했다. 최신 LNG선은 이 증발 가스를 엔진이나 발전기의 연료로 사용해 효율성을 높이고 있다.

불가근
불가원

보통은 생각지 못하는 선장만의 고민이 있다. 뭍의 사람들은 물론이고 선원들도 제대로 알지 못하는 고민인데, 선장은 선원들과 일정 이상으로 가까워져서는 안 된다는 것이다. 좋고 싫고를 떠나 좁혀선 안 되는 간격이 있다. 그래서 선장이란 자리는 외롭다. 선장직을 맡아본 이라면 누구나 고개를 끄덕일 것이고, 선장직을 맡을 이도 어렴풋하게나마 이를 느끼고 있을 것이다.

사람과 사람 사이에는 언제나 거리가 있고, 이 거리의 간격은 사람마다, 역할마다, 직책마다 달라진다. 선장과 선원의 간격은 조금 더 섬세하고 미묘하게 유지되어야 한다. 그 간격을 어떻게 유지하느냐에 따라 한 배를 타는 선장과 선원은 팀으로 끈끈하게 묶일 수도, 서로를 소 닭 보듯 하게 될 수도 있다. 그래서 불가근불가원不可近不可遠, 너무 가깝지도, 너무 멀지도 않은 간격이 필요하다.

선주의 대리인이자 선원들의 리더, 선장

배에서 벌어지는 모든 일의 최고 책임자는 선장이다. 직접한 일이 아니더라도 사고가 나거나 잘못이 벌어지면 그 책임은 선장이 져야 한다. 여느 관리직이나 비슷하지만, 바다 위에선 이 책임이 조금 더 무겁게 다가올 수 있다. 체계상으로는 '회사'라는 조직이 뒤를 받쳐주고 있긴 하지만, 망망대해 한가운데서 절차적으로 선원을 관리하고 통제하는 역할은 오롯이 선장의 몫이기 때문이다. 그래서 때로는 분명하고 때로는 부드럽게 선원들을 이끌고, 적정한 긴장감을 유지하게끔 관리해야 한다. 그 균형은 누구도 대신 맞춰줄 수 없다.

사람은 주변의 시선이 없을 때 자연스레 나태해지기 마련이다. 누군가의 관리 없이 혼자서 꾸준히 운동하기란 대단히 어렵다는 건 모두가 안다. 그래서 다들 굳이 비싼 돈을 줘가며 헬스장에서 PT를 받는 게 아니겠는가. 선장은 회사에서 월급을 받으며 배에 있는 모든 선원을 관리하는 트레이너이기도 한 셈이다. 그래서 선장은 영어로 'Captain'이지만 법적 용어로는 'Master'라고도 하는데, 이는 선주를 대신하는 법적, 상업적 대표임을 강조하기 위함이다.

어찌 보면 선장은 고용인을 대변하는 감시자로도 보일 수 있다. 그래서 선원들은 선장의 눈치를 보지만, 사실 선장은 '끼인' 존재에 가깝다. 회사는 선장에게 권한을 부여한 만큼 선장을 닦달하기 마련이고, 때로는 '갑질'도 서슴지 않는다. 그러는 와중에도 선장은 선원들이 회사의 규정을 잘 따르도록 감독하고, 선박 내 모든 업무가 안전하고 효율적으로 진행되도록 관리해야 한다.

선내 파티나 회식 자리가 있을 때 선장은 대개 먼저 자리를 뜬다. 선원들이 눈치를 보지 않고 즐길 수 있도록 하는 배려이기도 하고, 더 중요하게는 선장의 '스탠더드'를 지키기 위해서이다. 선장이 술에 취한 모습을 보일 수는 없다. 나만 해도 파티가 있는 날이면 일찍 자리를 뜬 뒤로 선장실에 돌아가, 그 문을 활짝 열어두고 늦게까지 불을 켜둔다. 선장실 문이 열려 있으면 선원들도 절로 술을 조절하고, 행동도 조심하는 덕이다.

선원들이 잘하면 칭찬하고 적절한 보상을 주는 것도 선장이고, 문제가 생겼을 땐 경고하고 조치하는 것도 선장이다. 그런 순간들에 선장의 판단이 힘을 갖기 위해서라도 선장은 늘 강단 있고 일관된 모습을 보여야 한다. 온종일 스마트폰을 붙들고 있는 부모가 아이의 스마트폰 사용을 통제한다 한들, 어느 아이가 그 통제를 제대로 따를까. 물론 마지못해 따르기야 하겠지만, 마음으로 기꺼워할 리는 없다. 선장이라면 크리스가 누누이 강조한 '스탠더드', 말과 행동에서 본을 보여야 한다.

선장의 또 다른 역할은 선박의 리더, 즉 장長이다. 단순히 회사의 대리인에 그치지 않고, 배에 타고 있는 이들을 실제로 이끌고 책임지는 자리. 그래서 선장의 존재는 그 자체로 의미가 크다.

인간은 위기가 닥치면 본능적으로 의지할 대상을 찾는다. 집에서는 부모를, 학교에서는 선생님을, 병원에서는 의사를 찾는 것처럼. 배 위도 다르지 않다. 거친 파도가 몰아치는 순간, 선장은 묵묵히 자리를 지키는 거목처럼 흔들리지 않아야 한다. 말 한마디, 눈빛 하나, 찰나의 망설임조차 선원들에게는 큰 신호가 된다.

지난 12년간, 실습항해사 시절부터 나는 늘 궁금했다. 어떤 선장이 좋은 선장일지. 그리고 이 질문은 지금에 와 더 구체화 되어 좋은 선장은 어떤 자세를 가져야 할지를 항상 궁리한다. 선주 대리인으로서 관리자의 역할과, 선원들과 함께 위기를 넘기며 방향을 잡는 리더의 역할 사이에서 나는 매 순간 어떤 얼굴을 띠고 있는가. 나는 어떤 기준으로 배를 이끌고 있는가.

괜찮아요, 아무도 안 죽었어요

배 위에서의 실수는 물에서보다 더 큰 사고로 이어지고는 한다. 선원들도 그것을 알기에 더욱 조심하려고 애쓰지만, 사람이 하는 일이다 보니 사고가 없을 수는 없다. 다만 선장에게까지 보고가 올라올 정도의 사고일 때면 배 위에는 긴장이 감돈다. 선장의 대처가 더욱 중요해지는 순간, 나는 가능한 한 이렇게 말하려고 애쓴다.

"괜찮아요, 아무도 안 죽었어요."

어딘가에서 읽었던 일화인데, 한 남편이 스님에게 부부 갈등을 상담한다.

"아내가 자꾸 사소한 걸로 트집을 잡아요."

"별일 아닌 일로 다툽니다."

"저를 존중하지 않는 것 같아요."

스님은 잠시 듣고 나서 이렇게 말한다.

"내일 아내가 갑자기 세상을 떠난다고 상상해보세요. 그래도 어제의 다툼이 여전히 중요할까요?"

"…"

남편은 대답하지 못한다.

"그보다 '고맙다', '사랑한다'라고 말해주지 못한 걸 더 후회하지 않겠습니까?"

이 일화는 흔히들 겪는 갈등과 오해가 조금만 지나도 무의미해진다는 사실을 일깨워준다. 우리가 배 위에서 겪곤 하는 사고도 그 순간엔 큰일이겠지만, 길고 긴 삶의 흐름 속에선 사소한 일에 불과할 것이다. 메멘토 모리Memento mori, '죽음을 기억하라'라는 라틴어 격언과 그 의미가 다르지 않다.
　눈앞의 감정에 몰두하면 무엇을 위해 이 관계가 존재하는 것인지, 어떤 마음으로 함께하고 있는지도 흐려지곤 한다. 배 위에서도 마찬가지다. 우리가 무엇을 위해 이 배에 올랐는지, 그리고 어디로 향하고 있는지를 안다면, 이미 지나간 실수나 크지 않은 갈등은 흘려보내는 쪽이 옳은 선택일 것이다. 내가 화를 내서 상황이 나아진다면 그러길 마다하지 않겠지만, 단지 내 기분을 풀기 위한 행동이라면 참는 쪽이 모두를 위해 낫다고 믿는다. 그렇게 살아가기 위해, 오늘도 나는 내게 묻는다.
　나는 어떤 선장인가, 그리고 어떤 선장이 되고 싶은가.

부록

바다를
꿈꾸는 이들을 위한
도움말

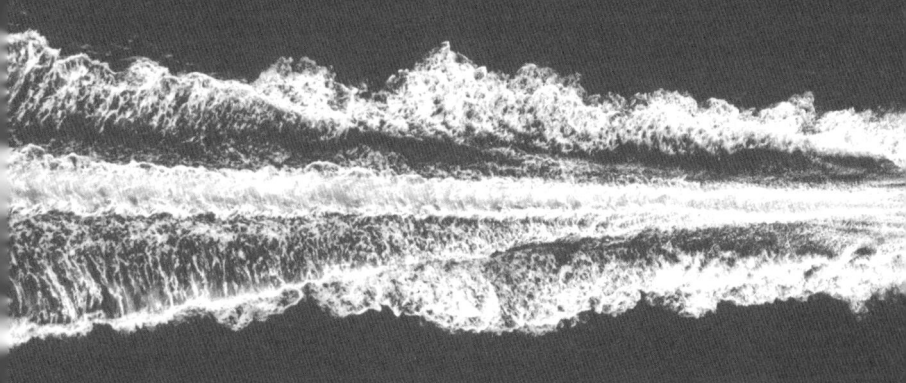

선원이 되는
방법들

　대한민국에서 즉 해기사, 특히 항해사와 기관사가 되려면 어디서 어떤 교육을 받아야 할까? 현재 우리나라에는 국가 지정의 해기교육기관이 있으며, 이곳에서 체계적인 해사 교육과 승선 실습을 마쳐야 해기사 면허를 취득할 수 있다. 대한민국의 해기교육은 크게 4년제 국립해사대학과 전문 승선 실습기관, 해사고등학교, 그리고 기타 해양수산 관련 학과가 있는 대학으로 나뉜다.

한국해양대학교

　한국 대표의 해양특성화대학으로 부산 영도에 소재하고

있으며, 해사대학은 크게 항해과와 기관과로 나뉘고, 학과의 구체적인 명칭은 시대의 흐름에 따라 조금씩 달라진다. 교육 기간은 4년이며, 재학 중 약 1년간 국제항해 승선 실습도 거친다. 두 학부는 매년 각 250명 내외의 학생을 선발한다. 이 두 학부는 졸업 후 3급 항해/기관 면허가 부여되고, 상선 사관으로 취업할 자격을 얻는다. 단, 한국해양대학교는 종합대학교로서 세 개의 단과대로 나뉘는데, 해사대학이 아닌 단과대학에서는 해기교육이 이뤄지지 않음을 유의해야 한다.

국립목포해양대학교

전남 목포에 소재한 또 다른 해기사 양성의 요람인 4년제 대학이다. 한국해양대학교와 같은 취지로 설립되었다. 그런 만큼 해사대학의 항해학부와 기관시스템공학부 등에서 해기사 교육을 제공하며, 재학 중 1년간 승선 실습을 수행한다. 기준에 따른 해기면허를 취득하고 상선 사관으로 취업할 자격을 얻게 된다. 단, 목포해양대학교 역시 종합대학교로 여러 단과대로 나뉘며, 해사대학이 아닌 단과대학에서는 해기교육이 이루어지지 않는다.

2025년 기준, 한국해양대학교와 목포해양대학교는 학교 통합을 추진 중이다.

한국해양수산연수원

해기사 면허 취득을 위한 승선 실습과 전문해기교육을 담당한다. 특히 학부 과정을 마친 학생들이 실제 선박에 승선해 9개월 내외의 실습을 수행하도록 관리한다. 또한 국제 규정에 맞춘 안전 및 보안 교육을 제공해 현장 적응력을 높인다.

또 해양수산부 산하 기관으로 **오션폴리텍**이라는 항해사와 기관사 단기 양성 과정이 있다. 3급 과정과 5급 과정이 있으며 실습 과정을 포함해 약 18개월 가량 소요된다. 1년 반에서 2년 정도 단기간의 교육을 거쳐 실무에 투입된다. 보통 대학을 다녀오거나 일반직장생활을 하다 진로를 변경하는 사람들을 위한 과정으로, 지원자 연령대는 20대 중반부터 30대 후반까지 다양하다.

해사고등학교

4년제 해사대학 외에, 해기교육을 위한 특수목적 고등학교도 있다. 이 학교들은 바다와 선박에 대한 전문교육을 제공하고, 졸업과 동시에 해기사로 성장할 수 있는 길을 열어준다. 해사고등학교는 일반고와 달리 항해과와 기관과로 분과한다. 학생들은 입학과 동시에 해양 분야에 특화된 교과과정을 밟으며, 선박 운항, 기관 관리, 해양 안전 등에 관한 기본 소양을 쌓는다. 졸업 후에는 바로 해기사 면허 시험에 응시할 수 있는 자격이 주어진다.

주요 해사고등학교로는 부산 영도구의 **부산해사고등학교** 인천 연수구의 **인천해사고등학교** 제주 서귀포시의 **제주해사고등학교** 전남 여수시의 **여수해양과학고등학교** 등이 있다. 이 외에도 통영, 포항 등 해양도시를 중심으로 몇몇 수산고등학교가 해기사 면허 관련 교육과정을 운영하고 있다.

해사고등학교의 가장 큰 특징은 조기 전문화다. 일반 고등학교가 대학 진학을 목표로 한다면, 해사고는 졸업 직후 곧바로 현장 투입 가능한 인력 양성을 목표로 한다. 해사고는 졸업과 동시에 4급 항해사면허를 취득한다. 해사고 졸업생은 10대 후반의 나이에 이미 바다에서 일할 수 있는 자격을 가지게 되며, 빠르게 경력 쌓기에 무척 유리하다. 반면 대학 진학에 비해 진로 선택의 폭이 제한적일 수 있다는 현실적인 점도 충분히 고려해야 한다.

선원의
현재와 미래

 유튜브를 시작하고서 알게 된 점 하나는 생각보다 많은 사람이 마도로스, 뱃사람의 삶에 관심을 보인다는 것이다. 그래서 선원의 처우와 선원이 되는 법, 선원의 현실과 미래, 그리고 처우 등에 대한 정확한 정보와 그 길을 걸어오면서 정리한 생각들을 풀어보고자 한다.

지금, 선원의 좌표

 오늘날, 선원이란 직업을 '배 타는 일' 이상으로 정의하기는 쉽지 않다. 선원의 범주가 너무도 광범위하기 때문이다. 그래서 지금 이야기하는 '선원'이란 '상선'에 종사하는 선원,

그중에서도 사관급 '해기사'를 지칭하고자 한다.

먼저 해기海技란, 바다 위 선박에서 필요한 기술로, 해기사란 「선박직원법」에 따라 해당 기술의 면허를 받은 자를 뜻한다. 즉 해기사가 되기 위해서는 국가에서 시행하는 시험에 합격해야 한다. 해기사는 구체적으로 항해사, 기관사, 전자기관사, 통신사, 운항사로 나뉘고, 각 해기사는 1~6급의 자격 체계로 구성된다.

상선이란, 상행위를 목적으로 화물이나 승객을 운송해 수익을 창출하는 배를 뜻한다. 그 화물이 사람이면 여객선Passenger ship, 기름이면 원유선Oil tanker, 가스면 가스선Gas Carrier, 자동차면 자동차운반선Car Carrier, 철광석이면 벌크선Bulk Carrier 등으로 나뉜다. 이런 다양한 선박을 운항하기 위해서 전문적으로 훈련된 해기사가 필요한 것이다.

선원의 급여와 복지

한국선원복지센터에서 발간한 2025년도 「한국선원통계」의 승선원 임금 현황을 보면 현재 외국 항구를 왕래하는 국내 외항 상선 선원의 평균 월 임금은 8,147,000원이다. 해외의 외항 상선의 경우는 9,342,000원이다. 이는 선종 및 직급에 상관없는 월평균 임금이다.

국내 외항 상선의 직책별 임금은 삼등항해사 501만 원, 이등항해사 579만 원, 일등항해사 856만 원, 선장 1,198만 원이다. 모든 선종의 평균 임금이며, 기관사의 경우 항해사와 비슷하다.

해외 외항 상선의 직책별 임금은 삼등항해사 597만 원, 이등항해사 645만 원, 일등항해사 1,091만 원, 선장 1,518만 원이다. 또한 기관사는 항해사와 비슷하다.

개인송출 시의 급여 및 복지

개인송출은 국내에 오피스를 두지 않은 해외 선사에 개인적으로 직접 계약을 맺은 형태이다. 중간에서 선원을 공급하는 업체 등을 끼지 않은 계약 형태이기에 복지나 급여가 상대적으로 좋은 편이다. 급여는 회사의 정책에 따라 달러나 파운드, 유로 등으로 직접 받는다. 세금은 본인의 거주 상태나 상황에 따라 한국 혹은 외국에 납부한다.

내가 다니는 회사를 예로 들면 월 급여가 꽤 높은 편이고 한 달 승선 시 30일의 유급휴가를 지급하는 형태이며, 휴가 때에도 승선 급여의 100%가 지급되는 등 대우가 괜찮은 편이다. 물론 국내 선사와 비교했을 때 아쉬운 점도 없지 않다. 경조사비, 자녀 학비 등 기타 복지가 전무하고, 의료보험과

퇴직연금 등을 개인이 따로 신고해야 하는 불편함도 있다.

선원 시장, 앞으로 괜찮을까

　무인화 선박에 따른 선원 수요의 감소에 따라 마도로스가 되고 싶은 많은 사람이 이 시장의 미래를 걱정한다. 앞으로의 선원 시장은 어떨까. 일개 선장으로 시장의 미래를 가늠하기란 무척이나 조심스럽지만, 그래도 한동안은 큰 문제가 없을 것으로 바라보는 편이다. 어느 산업군에서나 기계와 AI의 인력 대체는 피할 수 없는 쓰나미이듯, 이 시장도 자동화와 무인화 선박의 발전은 거스를 수 없다. 그럼에도 괜찮아 보이는 까닭은 무인화에 필요한 시간이 길 것으로 보이고, 또 선박만의 특수성이 있기 때문이다.

　선박의 무인화를 자동차 무인화와 비교하곤 한다. 무인 택시는 세계적으로 상용화 중인데, 사실 배는 생산 공정부터 사용 기간까지 모두 자동차와 비교하기 어렵다. 선박과 자동차의 단가 비교는 애당초에 불가능하고, 또 선박은 자동차처럼 빨리 만들 수도 없으며, 무엇보다 한 번 건조하면 자동차보다 훨씬 오래 사용한다. 자동차는 정말로 길어야 15년, 20년이지만 선박은 짧아도 20년, 길면 50년까지도 사용한다. 다시 말해 무인화 선박으로 건조되지 않은, 지금 당장 건조 중인 선박만 해도 길게는 50년간 선원이 필요하다는 의미이다. 물론 장비 탑재, 선박 개조 등을 통해 부분 무인화가 가능할 수도 있지만, 완전 무인화에는 분명 시간이 걸릴 것으로 보인다.

무엇보다 선박 무인화의 가장 큰 걸림돌은 선박이 물리적, 지리적으로 육상과 떨어져있다는 지점이다. 아무리 철저히 준비한다 해도 닥칠 수밖에 없는 비상사태에 어떻게 대처할 것인가? 만에 하나의 문제가 발생할 때 즉각 대처할 수 없다는 점이 가장 커다란 난제이다. 이 질문에 대한 완벽한 답을 내놓을 때까지는, 선박의 완전 무인화에 많은 궁리가 필요할 것으로 보인다.

특히 선종에 따라 무인화가 빠른 선종과 느린 선종으로 나뉠 텐데, 무인화가 빠르게 진행될 선종은 컨테이너선으로 보인다. 컨테이너선은 항해 주기와 경로가 일정하고, 버스처럼 여러 항구에 상시적으로 정박한다. 특히 연근해 혹은 소형 컨테이너일수록 항구 간 항해 기간이 짧아 일정에 맞춰 육상에서의 선박 정비가 가능하다. 이런 선박들은 항해 중 닥칠 수 있는 비상사태에 대처가 비교적 용이하고, 상황 이후의 정비도 수월하다.

컨테이너선은 유조선이나 가스선에 비해 화물관리에도 인력을 크게 필요로 하지 않는다. 하역 자체를 선박에서 주관하지 않고, 항해 시에 선원들이 화물을 관리하는 비율 또

한 높지 않다. 특수컨테이너는 조금 다르다고 하지만, 큰 틀에서는 대동소이하다.

선박 관리 비용의 30퍼센트가 선원 월급, 교대 비용, 부식 등 선원관리비라는 점은 선주들이 선박 무인화로 눈길을 돌릴 수밖에 없게 만드는 요인이다. 그래서 언젠가 무인화가 이뤄지기는 하겠지만, 이 문제가 선원 시장만의 고민은 아닐 것이다. 그러니 당장부터 너무 불안해할 필요는 없어 보인다.

선원의 가치

선원은 시대의 흐름에서 벗어난 직업이 아니다. 무인화와 AI로 수많은 직업이 대체되는 흐름에서 예외가 아니라는 말이다. 선원의 무인화가 필연적인 흐름이라면, 그 생존법 역시 여타 직업과 크게 다르지 않을 것이다. 다시 말해 선원 역시 선원 본연의 가치에 집중해야 할 때라고 본다.

더 정확히는 선원이라는 직업 자체에 매몰되기보다는, 바다의 가치에 집중했으면 한다. 통신과 기술의 발전에 따라 세상이 좁아질수록 바다의 가치는 올라갈 수밖에 없다. 위성통신에 케이블이 필요하듯, 세상의 연결에는 무역이 필수이고, 세계 무역의 동맥은 해상무역이다. 또 사람들이 보통 간과하는 지점인데, 각종 에너지 자원을 비롯해 수자원, 수산

물 등 인류가 바다에서 얻는 재화는 여전히 막대하다.

또 지구 표면의 70퍼센트는 바다이고, 물의 98퍼센트는 바닷물이다. 지구의 바다는 전체 육지의 2.4배에 달하는 면적을 차지하며, 무려 1,332조 톤의 물을 품고 있다. 인간이 만든 그 어떤 수도관도, 댐도, 저장시설도 이 엄청난 부피의 물을 담을 수 없다. 바다는 단지 넓기만 한 것이 아니라, 상상 이상으로 깊고, 무겁고, 넓다. 우리가 바다를 안다고 말할 수 있는 날은 아직 오지 않았다.

미래를 가늠할 수 없는 시대에, 직업의 위상도 하루아침에 손바닥 뒤집듯 바뀐다. 이런 판국에 선원의 미래를 논하는 건 언어도단일지 모르겠지만, 적어도 바다의 중요성이 줄어들 일은 없을 것이라고는 단언할 수 있다. 바다의 전문가라 할 수 있는 선원은 어떤 방식으로건 존속할 것이라고 보인다. 다만 선원들의 가치가 어떻게 평가될지는, 결국 지금도 바다 위에서 선원들이 보여주는 능력과 성과로 정해질 것이다.

국내 선원 시장의
노동 강도와 임금

조금 무겁지만 꼭 짚고 넘어가야 할 이야기를 해보려 한다. 중요하지만 많은 사람들이 외면해온 문제, 바로 국내 선원 시장의 노동 강도와 임금 문제이다. 선원 부족 문제가 처음 거론된 것은 1990년대 후반에서 2000년대 초반 무렵이다. 이후 2010년대 중반부터 본격적으로 뉴스에 오르내리기 시작했고, 정부의 개입은 2010년대 후반부터 이루어졌지만, 25년이 지난 지금도 여전히 같은 문제를 겪고 있다. 이러한 상황이 나타나기 전 이미 여러 전조 증상과 문제가 있었지만, 적극적으로 해결되지 못한 채 지속적으로 곪아왔다.

선원 시장의 변화와 역사

현재의 선원 부족 문제를 이해하려면, 우리나라 선원 시장의 역사를 먼저 살펴볼 필요가 있다. 한국전쟁 이후, 1970~80년대를 배경으로 한 한국 영화들을 보면 선원이 종종 등장한다. 예를 들어 영화 「국제시장」에서 덕수 역의 황정민 배우가 해양대학교 합격 통지서를 들고 춤추며 기뻐하는 장면이 있다. 그런데 당시 해양대의 인기가 서울대보다 높았다는 사실을 아는 사람은 많지 않을 것이다.

그 시절에는 국내 선사의 비중이 크지 않았고, 해외 선사가 대부분이었다. 이때 해외 선사에 취직하는 걸 '송출'이라고 했다. 당시 선원들은 월급을 달러로 받았는데, 산업화 초기의 저임금 구조와 해외 선사의 높은 임금, 그리고 환율 차이 덕분에 외국 선사에서 일하는 선원의 월급은 국내 제조업 평균 월급의 8~10배에 달했다. 지금으로 치면 보통 회사의 월급이 300만 원일 때, 배를 타면 2,400~3,000만 원을 받는 셈이었다. 그것도 말단 직급 기준이었다.

워낙 수입이 많다 보니 '배 한 번 타면 아파트 한두 채를 산다'라는 말이 나올 정도였다. 게다가 해사고, 해양대 등 해양교육기관은 국비가 지원되어 집안의 부담 없이 선원이 될 수 있었다. 이렇게 낮은 진입 장벽과 높은 수입 덕분에 선원은 무척이나 매력적인 직업이었다.

파독 광부와 간호사들의 이야기는 교과서에도 나오지만, 당시 외항 선원들의 이야기는 비교적 덜 알려져 있다. 실제로 1960~70년대 일정 기간, 외항 선원이 벌어들인 외화는 파독 광부와 간호사들의 4배 이상이었다는 통계도 있다. 전국노래자랑의 고故 송해 선생님이 방송 오프닝에서 늘 "오늘도 푸른 대해를 가르는 원양 선원 여러분, 해외동포 여러분…"이라고 인사하시던 것도 이런 이유 때문이었다.

국내 선사 성장과 임금 격차 축소

1970년대 들어 국적 선박이 확충되고 현대상선, 한진해운 등이 설립되면서 국내 선사들이 폭발적으로 성장했다. 대한민국의 경제 수준이 높아지면서 국내와 해외 선사의 임금 격차가 점점 줄었고, 국내 선사의 대우가 좋아지자 많은 선원이 해외 선사에서 국내 선사로 이직했다.

특히 1973년부터 시행된 '승선근무예비역제도'는 배를 타면 군 복무를 대체해주었기에, 36개월의 군 복무 대신 돈을 벌며 복무를 마칠 수 있는 일석이조의 혜택이 있었다.

그때까지만 해도 선원은 최고의 직업이었다. 그러나 시간이 흐르고 국가 전반의 경제가 발전하며 선원의 매력은 점점 떨어졌다. 육상직과 10배까지도 차이 나던 임금 격차도 줄어

들어, 외항 상선 기준 삼등항해사의 초임 월급이 대기업 초임 월급과 비슷해졌다. 게다가 군 복무 기간 역시 18개월로 단축되며 승선근무예비역제도의 매력도 줄었다.

무엇보다 시대가 변하며 '워라밸'을 중시하는 흐름이 강해졌다. 70년대에는 돈만 잘 벌 수 있다면 1년 이상 승선도 마다하지 않았지만, 이제는 보상마저 전과 같지 않으니 육상직으로 발길을 돌리는 사람들이 늘어났다.

2025년 기준으로도 선원법에는 여전히 '30일 승선 시 8일의 유급휴가'만 지급하도록 명시되어 있다. 물론 외항 상선 기준이다.

선원 부족 심화와 악순환

2000년대 들어, 해양교육기관을 졸업한 해기사들이 의무 승선 기간 3년을 채우고 배를 그만두는, 이른바 '삼시, 삼 년 시마이' 비율이 높아졌다. 3년을 채우지 않으면 군 복무를 해야 하기 때문이다. 이런 현상은 갈수록 심화되어 선원 부족과 고령화를 가속화됐다.

선원이라는 직업의 매력도가 떨어지면서 선원이 부족해지자, 남은 선원들은 교대자가 없어 더 오래 승선해야 하는 악순환이 시작됐다. 6개월 계약을 하고 나가더라도 8개월,

9개월, 심지어 1년 승선하는 일도 흔했다. 6개월만 승선하고 쉴 줄 알았던 사람들은 예상치 못한 장기 승선에 지쳐 또다시 육상으로 돌아가는 악순환이 반복됐다.

선사 측에서도 문제는 심각했다. 해양대와 해사고에서 안정적으로 공급받던 선원이 줄어들고, 이탈률이 높아져 선원 교대가 원활히 이루어지지 않았다. 선원의 질은 떨어지고, 사고율은 높아졌으며, 인사팀의 업무 부담은 더 늘어났다. 물론 이러한 문제는 시장경제의 원리상 다른 산업에서도 충분히 일어나는 일이다. 다만 핵심은 '이런 현상이 발생하기 전에 무엇을 했느냐'일 것이다.

문제의 본질과 시야 부족

내가 실습생으로 처음 승선했던 2012년에도 이미 선원 부족 문제는 심각했다. 곳곳에서 불만이 터져 나왔지만, 내가 회사에서 인사팀 담당자에게 들은 첫마디는 이랬다.

"요즘 애들은 세상 좋은 줄 몰라. 내 초임 때는 지금보다 훨씬 안 좋았는데 말이야."

그때는 잘 몰랐지만, 어느덧 시간이 흘러 문제의 본질을 알게 되었다. 선박관리업체의 대표님이자 내가 존경하는 한 선배님은 이런 말을 해주신 적이 있다.

"다들 선원 부족이 문제라고 생각하는데, 그건 현상일 뿐이에요. 진짜 문제는 그 이전부터 있었죠."

선원 부족이라는 현상이 나타나기 전, 그 원인을 깊이 들여다봐야 한다. "나 때는…"식으로 과거를 곱씹기보다 5년 뒤, 10년 뒤 어떻게 될지를 고민하는 편이 유의미했을 것이다. 한국 해운이 뒤를 돌아보며 과거를 되새김질할 때, 전 세계 해운업계의 선두주자들은 끊임없이 서로 비교하고 경쟁하며 앞으로 나아가고 있었다.

이렇게 과거형 사고가 20년 넘게 지속됐다. 경영진의 상당수는 1970~80년대 우리나라 경제 성장을 이끌었던 선원들이었다. 물론 그들의 공헌은 대단했지만, 경영진이라면 더 먼 미래를 내다볼 필요가 있지 않았나 생각이 든다.

해외 선사와의 격차

그 사이 유럽과 미국 등 세계 초대형 선사들은 이미 선원 시장을 안정적으로 확보했다. 유럽의 대형 선사들은 2000년대 초반부터 B2B, 즉 3개월 승선 후 3개월 휴가 제도를 시행했다. 많은 나라에서 183일 이상 승선 시 전면 비과세 제도를 도입했고, 처우가 좋아지니 경쟁력 있는 선원들이 몰려들었다. 능력 있는 선원이 배를 운영하니 안전 지표도 좋아졌다.

내가 2019년 처음 구 티케이, 현 씨피크에 입사했을 때, 유럽 선장들의 계약 조건은 한국과 비교하는 게 미안할 정도로 좋았다. LNG 기준으로 유럽 선장은 1개월 승선 시 30일 휴가를 받고, 월급은 약 3,000만 원이었다. 물론 승선 시에만 지급 기준이다.

앞으로의 과제

우리나라의 해운산업은 세계시장의 선두주자들에 비해 시장 진입 자체가 뒤늦을 수밖에 없었다. 늦게 출발해 선두주자를 따라잡기란 매우 어렵지만, 우리는 많은 분야에서 이를 해낸 경험이 있다. 다만 시선을 항상 해외로 돌려야 한다. 해외 선사들을 비교 및 벤치마킹하고, 해외에서 경험을 쌓은 인재를 역으로 영입해야 한다. 일본 선사들은 이런 전략에 능하다. 인력을 외국 회사에 '유학' 보내 선진 문물을 배우게 하고, 이를 조직에 도입한다. MOL, K LINE, NYK 등 세계적인 해운 선사가 일본에 몰린 이유도 여기에 있다.

대한민국 해운과 선원 시장도 더 이상 뒤처져서는 안 된다. 뒤를 돌아볼 것이 아니라, 앞서 달리는 세계적 공룡 선사들과 비교해 부족한 점을 채워야 한다. 국내에서만 경쟁해서는 세계 1등이 될 수 없다.

해외 선사는 정말로 천국일까, 기대와 현실

내가 다니는 해외 선사는 영국 스코틀랜드 글라스고에 오퍼레이터를, 캐나다 밴쿠버에 본사를 두고 있다. 50여 척의 LNG선과 30여 척의 LPG선, 그리고 LNG 터미널을 소유하고 있는, 세계에서 한 손 안에 드는 가스선의 선주이자 오퍼레이터다. 나는 이 회사에 이직할 때 소위 '개인송출'이라는 형태로 입사했다.

앞서 설명했듯 송출이란 해외 선사에 입사하는 것을, 그중에서도 개인송출이란 중간에 헤드헌터를 끼지 않고 개인과 회사가 직접 계약하는 경우를 뜻한다. 이 회사에서 근무한 지 벌써 7년째지만, 한국 회사와 비교했을 때의 장단점은 확실히 존재한다.

해외 선사에 대한 흔한 오해들

사람들이 흔히 오해하는 것 중 하나로, 해외 선사는 무조건 대우가 좋다는 것이다. 하지만 해외 선사라는 개념 자체가 너무 포괄적이다. 중소형 선사부터 초대형 선사까지, 선사의 규모와 선종船種은 천차만별이다. 국내 선사와 해외 선사를 단순히 비교하기에는 대상이 너무 다양하다.

우리나라에서도 구인 구직 시 사람들이 목표로 삼는 회사들이 있듯, 바다의 세계에도 전 세계 선원들이 선망하는 회사들이 있다. 로얄캐리비안Royal Caribbean, 카니발크루즈Carnival Cruise 등 대형 크루즈선사나 셸Shell, 셰브론Chevron, 나킬랏Nakilat, 미쓰비 O.S.K 라인MOL 등 대형 LNG선사가 대표적이다. 이들이 인기 많은 이유는 단순하다. 대우가 좋고, 급여가 높기 때문이다. 그렇다면 한국의 대기업 선사와 비교해 어떤 차이가 있을까.

해외 선사의 급여와 복지 구조 – LNG를 중심으로

해외 선사는 대개 국적이나 거주지에 따라 급여 차등을 둔다. 예를 들어 카타르 선사는 자국민인 카타리가 1급, 그다음이 유럽인, 아시아인 순이다. 영국 선사는 영국 및 유럽이

1급, 동유럽이 2급, 아시아가 3급, 필리핀이 4급이다. 다만 한국 선원은 아시아와 별개로 대개 최고 등급에 속하며, 유럽 선원과 비슷한 대우를 받는다.

현재 외국 대형 LNG선사들은 전 세계적인 선원 부족, 특히 LNG 경력자 부족으로 심각한 인력난을 겪고 있다. 심지어 LPG, 탱커 등 타 선종 출신 해기사를 교육해 LNG선으로 전환하는 경우도 많다. 인력이 부족하다 보니 경력직 선원을 확보하기 위해 서로 경쟁적으로 임금과 복지를 올리고 있다.

LNG선은 오래전부터 상선 업계에서 최고의 복지와 높은 급여로 유명했다. LNG 가격이 비싸고, 그만큼 관리도 까다롭기 때문이다. 고가의 화물을 운송하기 위해 각종 안전 설비와 기계 설비가 추가되니, 선가船價도 타 선종보다 높고, 선박 유지비도 높을 수밖에 없다.

외국 대형 LNG선사의 급여 및 복지 예시

30일 승선 시, USD 기준

	급여	휴가	계약기간	기타복지
선장	24~25k	30일	2~3개월	-개인의료보험 (본인 포함 가족 4인) -퇴직금 -가족동승제도 -스타링크 -연말 보너스
기관장	23~24k	30일	2~3개월	
1등항해사/1등기관사	20~21k	30일	2~3개월	
전기기사/화물기관사	15~16k	30일	2~3개월	
2등항해사/2등기관사	9~10k	20~25일	2~3개월	
3등항해사/3등기관사	8~9k	20~25일	2~3개월	
실습항해사/실습기관사	1~1.1k	20~25일	2~3개월	

해외 선사의 장점과 세제 혜택

거듭 이야기하지만 해외 선사의 압도적인 장점 중 하나는 B2B 제도, 짧은 승선 기간과 긴 휴가다. 3개월 승선하면 휴가도 3개월을 갖는 식이다. 우리나라에서는 여전히 파격적으로 보이는 이 제도는, 여러 대형 외국 회사들이 상급 사관을 대상으로 20년도 더 전부터 시행해온 제도이다.

또 많은 국가에서 1년 183일 이상 해외 체류, 또는 선박 승선 시 근로소득세를 전면 면제한다. 즉, 배에서 번 소득에 세금을 내지 않는다. 이런 제도 덕분에 유럽 선진국에서는 유능한 선원이 꾸준히 배출되고 있다. 물론 전 세계적으로는 선원 감소 추세이지만, 제도적 지원이 뒷받침되는 곳에서는 상황이 나은 편이다.

반면 우리나라 대형 선사는 아직도 6개월 계약이 일반적이고, 1개월 승선 시 휴가는 8~10일에 불과하다. 물론 국내 회사에도 장점은 있다. 자녀 학자금, 회사 전용 대출 등은 국내 선사에서만 가능한 복지다. 세금 원천징수로 연말정산이 편리하다는 점도 있다.

해외 선사 생활은 '나 혼자 한국인'

종종 개인송출로 가는 해외 선사를 '꿈의 직장'으로 여기는 이들이 있는데, 그럴 때마다 하는 말이 있다.

"절대 한국 선사보다 쉽다고 생각하면 안 됩니다."

짧은 승선과 긴 휴가에 만족하는 사람은 많지만, 실제로 '한국 선사보다 쉽다'라고 말하는 사람은 단 한 명도 없다. 오히려 '짧게 타는 데는 이유가 있다'라는 반응이 대부분이다. 그만큼 선박 내 업무 강도가 높다.

업무 강도뿐 아니라, 진급 심사, 고과 평가 절차, 인사 문제, 회사와의 소통, 보고 체계 등도 한국과 다르다. 또 해외 선사 역시 이러나저러나 결국 사람 사는 곳인 건 마찬가지다. 나는 해외 선사의 환경을 '정글'이라고 부르고 싶다. 실력 없이 살아남을 수 없는 곳, 잠시 한눈팔면 포식자에게 목숨을 잃을 수 있는 환경. 하지만 확실한 실력만 있다면, 타잔처럼 모든 것을 누릴 수 있는 곳.

적게는 5개국, 많게는 10개국 이상의 다국적 선원이 함께 생활하는 환경의 문화와 스타일 차이를 이해하고 적응해야 한다. 나 혼자 한국인인 경우가 대부분이며, 상급 사관 넷 중 셋이 같은 국적인 경우도 더러 있다. 그런데 그들이 폐쇄적인 리그를 만든다면? 성격 나빠 보이는 20년 차 화물기관사가 일을 제대로 안 한다면? 인도 총선단장이 선원들의 요구를 무시하고 필요한 부품 보급을 잘 안 해준다면? 배정받은 배가 20년 된 구식 선박이라 곳곳에서 문제가 터진다면? 이런 상황 속에서 어떻게 살아남아야 할 것인가.

또한 당연한 이야기이지만 해외 선사이니만큼 영어가 매우 중요하다. 물론 못한다고 입사 자체가 불가능한 것은 아니다. 그러나 직급이 높아질수록, 특히 갑판 쪽일수록 영어 실력이 부족하면 진급과 평가에서 큰 제약이 생긴다.

2019년 해외 선사로 이직한 이후, 수많은 한국 해기사가 나에게 개인송출 관련 문의를 해왔다. 현직 해기사뿐 아니라, 과거 선원이었던 사람들도 개인송출로 재취업을 시도했다. DM이나 카톡으로 연락한 사람만 수백 명이고, 실제로 개인송출로 나간 경우도 내가 아는 사례만 50건이 넘는다. 아주 높은 벽처럼 보이지만, 계속 시도하다 보면 분명 문이 열리는 시장인 것이다.

다만 해외 선사라고 모든 점에서 한국보다 합리적이라고 단정할 수는 없다. 나는 한국 대형 선사에서 5년, 외국 대형 선사에서 7년을 근무한 후 이 사실을 깨달았다. 어느 곳을 가든 완벽한 직장은 없다. 중요한 것은 내가 어디에서 일하든, 내 배에서 절대 나쁜 일이 일어나지 않도록 책임감을 가지는 태도이다. 주인의식을 가지고 임하는 것, 그것이 가장 중요하다.

해외 선사와 한국 선사 중 어디를 선택할지 고민하는 이들이 있다면, 반드시 장단점을 충분히 알아보고 굳은 각오를 다진 뒤, 후회 없는 결정을 하길 바란다.

에필로그_
사실, 생각보다 쉬운 길은 아니지만

이 글을 쓰며 지난 항해의 기억들을 하나하나 다시 되짚어 보게 되었다. 밤새 몰아치던 파도, 브리지 위의 긴장된 공기, 그리고 무너지고 싶었던 순간들. 그 모든 과정이 나를 지금의 이 자리로 이끌어줬다.

다만 겸손을 잠시 접어두고서 가장 솔직하게 말해보자면, 이 여정이 결코 쉬웠다고는 말하지 않겠다. 누구나 해낼 수 있는 일이라고도 말하지 않겠다. 바다는 언제나 쉽지 않았다. 칠흑 같은 어둠이 깔린 날에 밤바다를 본 적이 있는가. 이때 바다의 표정에는 고독과 두려움, 그리고 적막함만이 그윽하다. 이는 배에서 가장 흔하게 마주하는 바다의 얼굴이기도 하다. 해외 선사에서 살아남았다는 말은 고독과 두려움, 그리고 적막함에 익숙한 인간이 되었다는 뜻이기도 하다.

가장 힘들었을 때, 그리고 가장 답답했을 때

   이 이야기들을 쓰면서 과거를 곱씹으며, 가장 힘들고 어려웠던 순간이 언제였는지 떠올려봤다. 삼수에 혼을 갈아 넣던 때, 해양대 1학년 시절 선배들에게 '털려대던' 때, 물 뜨러 다니던 실습항해사 때, 크로아티아 선장님에게 미움받던 때, 대인기피증이 절정에 달했던 때… 그리고 차마 글로 남기지 못한 수많은 시련의 순간들이 있었다.

   그중에서도 가장 힘들었던 순간을 꼽자면 타지에서 나 스스로를 증명하고자 무작정 덤벼야 했던 이등항해사 시절이다. 불안도 외로움도 가장 최고조에 달한 시절이었다. 그리고 답답했던 순간 하나를 꼽자면 아무래도 이것이 가능한 일인지, 되기는 한 것인지 가늠할 수 없던, 막연히 개인송출을 시도하던 때가 아닐까 싶다.

   다시금 말하지만, 그때는 개인송출의 과정이 문이라기보다는 벽처럼 느껴졌다. 이것이 열리는 문인지 확신할 수 없었다. 그때보다 힘들고 괴로웠던 순간은 많았다. 하지만 이게 문인지 벽인지도 확신할 수 없던 그때의 막막함은, 분명 능력이나 의지로 해결할 수 없는 문제로 느껴졌다. 그래서 단언하는 것이다. 능력과 의지를 떠나 누구나 해낼 수 있는 일은 아니라고. 미련하리만치 간절한 마음이 없었더라면 나 역시 진작에 시도 자체를 멈췄을 것이니까.

이 막막한 시도에서 아주 희미하게나마 내게 길을 비춰준 사람들이 있다면 바로 나보다 이 길을 먼저 걸어간 선배들이었다. '선원'이라는 직업에 자부심을 가지고 먼저 뱃길을 걸어갔던 수많은 선배 선원의 도움이 있었기에, 나 또한 그들이 비춰준 물길을 따라 여기까지 올 수 있었다. 그래서 나도 이 이야기들을 썼다. 나도 어느덧 어떤 선원들의 '선배' 위치가 되었으니까. 세계 무대에서 활약하는 우리 한국 선원들이 늘어나길 바라는 마음을 담아, 나 역시 내가 할 수 있는 최대한의 도움을 주기 위해서.

선장은 종착점이 아닌 출발점

혹자는 내게 말한다. 젊은 나이에 이룰 것 다 이뤘으니, 이제 크게 고생할 일이 없겠다고. 이 말이 아주 틀리지는 않지만, 또 내게 그렇게 와닿는 말도 아니다. 현장의 정점인 선장이 되고서 보이는 직업의 세계는 또 다르다. 흔히들 말하는 도선사, 총선단장 등 지상의 관리직을 비롯하여 이후에 내 진로를 어떻게 나아가야 할지 정한 것은 없지만, 분명한 것은 내게 선장이라는 직위는 종착점이 아닌 출발점이라는 것이다. 설혹 평생 선장으로 살아간다는 선택을 하더라도, 우선은 새로운 가능성을 두루 살펴보고자 한다.

이처럼 아직 갈 길은 멀다. 바다가 여전히 넓고 깊은 것처럼, 인간사에서도 탐험하지 못한 세계는 끝이 없는 것 같다. 그래서 나는 이 지점에서 안주하지 않으려 한다. 내 인생의 항해가 앞으로 어떤 파도와 폭풍을 만날지는 알 수 없지만, 나는 언제나처럼 때로는 돌아가는 한이 있더라도 내 삶의 배를 지휘하는 선장으로서 끝까지 항해할 것이다. 바람의 방향을 바꿀 수는 없어도, 내 돛을 그 바람에 맞춰 조종해갈 것이다.

　혹 당신이 더 넓은 바다를 꿈꾼다면, '누구나' 해낼 수는 없을지라도 '당신'은 해낼 수 있을 것이다. 가장 힘들 때도 끝내 멈추지 않는다면, 반드시 그렇게 될 것이다. 이 책은 어쩌면 바다 위에서 혹은 세상 속에서 흔들리고 있을 당신에게 희미한 불빛이나마 되어주고 싶다는 마음으로 쓰였다. 아주 자그마한 등대의 불빛일지라도. 그래서 이 모든 이야기가 고독과 두려움, 그리고 적막의 순간에도 기어코 내딛어야 하는 한 걸음에 힘이 되기를 바란다.

선장의 항해일지
인생의 항로를 설계하는 법

초판 1쇄 2025년 11월 5일

지은이 · 이동현
디자인 · dal

펴낸곳 · 일요일오후
등록일 · 2021년 3월 26일 제2021-000031호
이메일 · booknsunday@naver.com
인스타 · @booknsunday

ⓒ 이동현, 2025
19,000원
ISBN 979-11-975314-3-9 03320

· 이 책의 무단 전재 및 복제를 금합니다.